José Manuel Mures. Ese chico de la radio

Rafael Gallego Díaz

EOLAS
ediciones

A Mures, naturalmente.
A la memoria de las personas que aparecen en el relato
y ya no están con nosotros.

Prólogo

A día de hoy, me sigue impresionando tener cerca a Mures. Es muy grande. Yo tenía 18 años cuando me hizo la primera entrevista de mi vida y me pareció un inesperado privilegio. Y lo sigue siendo, porque poder disfrutar cada día de su amistad, de su sabiduría, de su generosidad y de su empuje vital es maravilloso. No se cansa nunca, de nada. Exprime los días y acorta el sueño. El caso es salir, ver, conocer, no perderse ni un detalle de los amaneceres.

Mures es un amigo de los que sabes que son amigos, de los buenos, de los que jamás se te pasaría por la cabeza que dejara de serlo.

De música se lo sabe todo y de la radio, aún más. Él es radio desde que se levanta; cuando habla, cuando cuenta secretos de su adorado León o de la vida.

Porque la vida, también, se la sabe; y la disfruta con el mayor entusiasmo que quepa en la más inquieta imaginación.

Es cariñoso, empático, puro carisma…

Todo el mundo lo adora.

¡Y muy buen tipo!

Siempre está.

A nosotros, a Café Quijano, nos dio el primer empujón. Le pedimos información sobre cómo se enviaban las maquetas a las compañías discográficas y, a partir de ahí, vino todo lo demás.

Él fue el primero de una lista interminable de personas que me dijeron que estaba loco cuando le comenté que nos queríamos dedicar a la música pero, también, fue el primero en regalarnos su ayuda y conocimiento de la industria.

Le estaré agradecido, siempre, por todo; y, como yo, muchos. Y, especialmente, la radio, porque a ella le ha dado más que a sí mismo.

¡Larga vida, querido Mures!

Manuel Quijano

CAPÍTULO I.
EL SEISCIENTOS DEL PADRE

Ese chico nació la víspera del día de los enamorados, el trece de febrero, el día de la radio, aunque esta coincidencia —la vida son coincidencias— no se confirmó hasta cincuenta años después. Ese es un dato que señala su vida. Y eso que la señal —la vida son señales— vino en dos mil trece, cuando la ONU instauró el día trece de febrero como el Día Mundial de la Radio. Él nació cincuenta años antes, señalado para ser la voz de la radio en León. Pura coincidencia.

Imagino las veces que dejó que sonara en la Tropicana aquella canción de Al Stewart en la serie de lentos, porque durante muchos años en las discotecas el ruido se paraba, las luces se apagaban y la pista se quedaba vacía. Y sonaban canciones como ese *Year of the Cat* que hacían volar los destellos de las bolas de espejos por toda la sala buscando un brillo en la mirada en penumbra de ese chico con el que querías salir a bailar, ir a la pista a dejar que la música te recorriese el cuerpo y el mundo se apretara en unos centímetros de oscuridad. Solo los lentos se dejaban sonar hasta el final, por muy largos que fuesen, como este del año del gato, el año en el que nació ese chico de la radio.

Nacer en aquel año del gato, en aquel día, en aquella circunstancia familiar que le llevó por tantas ciudades siguiendo las rutas del trabajo de su padre es un modo de explicar su ser inquieto, su modo especial de ser inquieto, su absoluta incapacidad para contemplar el mundo, porque su modo de mirar es siempre transformador, nunca contemplativo. Hay personas que están en el mundo y no lo ven, como hay otras personas que contemplan la vida sin comprenderla o que dedican toda su energía a la mera comprensión de lo que ocurre. Ese chico de la radio, desde muy pequeño, siempre tiene en la mirada las posibilidades de transformación de lo que ve. No es solo que advierte que algo está mal y habría que cambiarlo, es que en su cabeza aparece de inmediato el modo en el que se puede conseguir que funcione algo que no funciona o que funcione mejor aquello que está funcionando bien. Es como que en su ser está «la marcha», un cierto *horror vacui* hacia la calma, la necesidad de que todo esté en movimiento. Si hubiese sido monje budista, habría dinamitado el concepto de quietud.

Lo observo mientras me cuenta los primeros años de su vida, incapaz de fijar la mirada, jugueteando con un lapicero que ha cogido de la mesa. Es un lapicero que alguien trajo de un viaje a Inglaterra y tiene una corona que adorna la parte superior. Está hablando y sopesa el lapicero en las manos, de manera que le resulta imposible reprimir el comentario y lo intercala en su relato y me explica que está muy bien hecho, porque tiene peso. Se nota que está bien hecho, porque pesa. La mayoría de estas cosas están hechas de cualquier manera, pero esto se ve que no, que está hecho de manera que te ayuda al escribir, porque ese peso te hace tener el lapicero de otra forma. Me gusta, dice, pero estaba pensando que quizá se podría… Y ya está su cabeza vagando por el cielo de sus imaginaciones, evitando quizá el momento que sabe que tiene que llegar en el que me tendrá que contar las cosas que pasaron.

No es algo que cuente con dolor o con rencor. Es algo que sucedió y que él sabe que tiene que contar porque sabe que es algo determinante en su vida y que no tendría sentido contar la historia de ese chico de la radio sin decir ese episodio primero y decisivo. Las historias tienen que contarse completas, eso es indudable. Lo que cabe dentro de las dudas razonables del que cuenta es decidir qué partes de la historia son las que la completan.

Sé que es por eso por lo que me mira de ese modo, por lo que da vueltas al lápiz en sus manos, observando la corona, sopesándola. La historia. La réplica a modo de adorno de la corona de la Reina de Inglaterra en un lápiz. La decisión sobre lo que se cuenta y lo que no en una historia que debe ser completa.

En realidad, ya me lo había contado. Lo había hecho varias veces, pero nunca lo había hecho para que yo lo contara. Por eso en este momento sopesa el lápiz en sus manos, tratando de decidir si se debe o no se debe contar. Fíjate en el modo en que se usan las formas verbales en su relato. El presente y el pasado se mezclan y suceden dejando ver que todo es presente, de la misma forma que se podría decir que todo es pasado.

·ılıııl‖ıılıı·

Cuando se murió mi padre yo tenía once años. Además, se muere de una forma muy singular. Fue tremendo para todos. Mi madre era un ama de casa que se dedicaba a seguir a mi padre con el coche. Mi padre trabajaba en una empresa de camiones, una empresa de Madrid que estaba en Alcalá de

Henares. La empresa se llamaba Auxiliar de Obras. Era una empresa que movía maquinaria pesada en grandes obras y, aunque el trabajo que consigue mi padre es para trabajar allí en Alcalá y la familia entera se muda allí, de repente, lo empiezan a cambiar de ciudad cada cuatro o seis meses y empezamos a tener que cambiar de casa en función de las obras en las que tiene que trabajar mi padre. Recuerdo que llegamos a Barcelona y allí tenemos que estar seis meses.

Estuvimos viviendo seis meses en Barcelona, bueno, en Barcelona no, en un pueblo que está cerca de Barcelona, que me acuerdo de que tenía un tren de cremallera. No sé cómo se llamaba el pueblo, pero sé que tenía ese tren, quizá fuese ese Monistrol de Montserrat que dices, porque tiene toda la lógica que ese tren de cremallera fuese el que subía a Montserrat, pero yo no subí nunca en él. Vivimos en Málaga, en Ourense, en Gijón —allí nació mi hermano—.

En Gijón estuvimos mucho tiempo. Vivíamos en La Calzada, un barrio muy popular que estaba al final del Musel. Me acuerdo de que había una playa muy fea y muy llena de basura, no sé si sería por el puerto o porque estaba allí la fábrica de La Casera. Era una playa industrial y ahora es una playa maravillosa. Ya te digo que allí nació mi hermano, que es asturiano, y yo hice la comunión.

Pero estuvimos en muchísimos sitios, con lo que cada cuatro o seis meses cambiaba de colegio, cambiaba de casa, cambiaba de amigos. Tendría que hacer un seguimiento por los libros de escolaridad de los colegios para poder saber en cuántos sitios he vivido.

Mi padre era muy aficionado a pescar. Su gran pasión era venir al pueblo, a Manganeses de la Polvorosa, cerca de

Benavente. Y, siempre que podía, se venía a pescar y se venía con el camión con el que estuviese trabajando, con hormigoneras, con Carterpillars, con lo que le tocara llevar en ese momento y mi madre detrás con el seiscientos verde cargado hasta los topes, con los niños y las maletas. Aunque mi padre se había asentado en Alcalá de Henares que era donde la empresa tenía la raíz, vivíamos así, yendo de ciudad en ciudad y haciendo esas excursiones al pueblo cuando tenía tiempo libre para poder ir a pescar.

En una de estas escapadas al pueblo mi madre venía con mi tía con el seiscientos y pasaba por el puente que entonces era de un único sentido. Cuando ya estaba en él vio un niño que venía de frente con una bicicleta y como era de sentido único y cabía solo un vehículo, pensó que lo iba a atropellar y, para evitarlo, dio un volantazo y se fue con el coche al río. Mi padre y yo estábamos pescando al lado del puente y él, cuando vio aquello, se echó al río para sacar a mi madre del agua, sin pensar si quiera en que él mismo no sabía nadar. Se metió andando, con la urgencia de llegar hasta ella y sacarla; de hecho, llegaba andando al lugar en el que estaba el coche, pero perdió pie y se metió en uno de los agujeros que había al lado del puente y quedó atrapado allí y se ahogó. Se ahogó delante de nosotros.

Y el caso es que mi madre no abrió la puerta del seiscientos en ningún momento y llegó sin ningún problema hasta la orilla, flotando como si nada, sin más problema.

Yo tengo la imagen de unos tíos en una barca dando golpes con unos palos en el agua tratando de encontrarlo ya horas después.

13

He recuperado muchas veces esta historia para tratar de comprender cómo se puede vivir en esa desesperación. He visto la imagen de los que golpean el agua desde la barca en los ojos de un niño de once años que no sabe bien lo que acaba de ocurrir. He sentido el frío de hielo del cuerpo de la mujer que llega a la orilla y sale del coche adivinando lo que acaba de suceder. He sentido el sol brillando en el agua como si no ocurriese nada, la vida fluyendo en el río sin prestar atención a la tragedia.

Luego me contaste que tu madre se encerró en Alcalá de Henares, que se pasaba el día llorando, que tu hermano y tú estuvisteis mucho tiempo sin saber bien qué hacer, abandonados en la desgracia y la soledad, desconsolados en una situación imposible de comprender, aterrados en el llanto continuo de la madre. Conscientes del pulso de la vida que se había cerrado en esa desgracia y que vuestra madre negaba, incapaz de sobreponer la terquedad de los días amaneciendo uno tras otro a la noche de su duelo. Hasta que decidió volver a León y la vida pudo empezar de nuevo.

Nos instalamos aquí en León. Aquí teníamos familia, teníamos tías. Era la única manera de recuperar la normalidad, porque en Alcalá de Henares no hacíamos nada y mi madre no paraba de llorar. De manera que sí, nos volvimos a León y mi madre nos llevó a Maristas Champagnat. Me parece que ya te he dicho que creo que la mejor manera de rastrear los sitios en que he vivido es revisando los libros de escolaridad, seguir la pista de los colegios. Este de los Maristas Champagnat es el último. Bueno, el último de los colegios, que luego está el instituto, pero el instituto fue también uno de León, así es que ya no me he movido de aquí.

En los Maristas aprendí muchas cosas. Aprendí a decir que no, a negar la pretensión de quien me invade. Es un fenómeno sencillo de entender: como quienes te escuchan te sienten cercano, piensan que te pueden pedir cualquier cosa que se les ocurra. Y lo que es peor, como no saben bien hasta dónde llega esto de la radio, piensan que les puedes conseguir cualquier cosa, que tienes acceso ilimitado a los artistas, a los políticos, a los poderosos. Me pregunto si sería eso verdad y yo no me he enterado. Había un compañero en el colegio que siempre me pedía el bocadillo o para el bocadillo, que es lo mismo; yo siempre le decía que no, pero él seguía insistiendo todos los días. Todavía ahora me lo encuentro cuando voy al rastro y, aunque a veces trato de hacerme el loco, siempre lo oigo gritándome «efe-eme, efe-eme». Ahora me llama así, «efe-eme». Es un grande *el Nano* y lo saludo y le pregunto: hola, Nano, ¿cómo estás? Y siempre me dice lo mismo: a ver si ponéis flamenco en la radio.

Estábamos sentados en la terraza de un bar de la avenida Doctor Fleming. Sé que era por la mañana y que hacía mucho sol. No exactamente calor, no recuerdo tanto una sensación de calor como una impresión desbordante de luz, de ruido alrededor, de incapacidad de sosiego. Coches, gente, claridad, un desajuste en el flujo calmado de los días presidido por la majestuosidad esquelética de la Azucarera de Santa Elvira, cadáver bellísimo en la metáfora de todo lo que no ha llegado a ser a pesar de haber podido ser algo magnífico. Es una pregunta recurrente en el vaciar de las noches cuando se rodean ciertas edades, una sombra vacilante que se cuela entre las sábanas, puede que más en mi cabeza que en la suya: ¿qué ha sido de los talentos que te fueron dados? ¿Has llegado a conseguir todo lo que se podía conseguir con ellos? Uno nunca está a salvo de esa angustiosa inquisición. Pero ese chico de la radio no tiene ese desvelo. Quizá pudo irse a Madrid, quizá pudo salirse del micrófono e intentar una carrera en territorios aledaños, quizá pudo con sus talentos construir mayores ciudades en su alma, pero no quiso, o no supo, o no pudo —yo estoy más en que fue que no quiso— hacer otra cosa que no fuera hablar desde un micrófono de Radio León o de Los 40 en León o a una cámara de Localia León. Ha colaborado en otros medios, ha escrito artículos, ha sido DJ (así, dejota, como alguna vez le he oído decir no sé si en broma o muy en serio) —de todo eso hablaremos más adelante—, pero su profesión ha estado siempre con su corazón, como decía Robinson, «al otro lado de la alcachofa amarilla de la radio».

Pero lo que quería contar, para completar esta fugaz fotografía de la muerte del padre, es que estábamos en aquella terraza de Doctor Fleming, en las circunstancias que han sido descritas y pasó de narrar el episodio más determinante de su vida, la muerte de su padre, a hacer una broma sobre un antiguo compañero de colegio. Efe-eme en estado puro. Ya sabes, nadie puede parar. Nadie puede parar.

Todavía bailaban las palabras con las que describió los palos con los que aquellos hombres desde la barca buscaban el cuerpo de su padre, cuando se nos acercó la camarera para preguntarnos si era nuestro un Audi que estaba mal aparcado. Colocó las manos para hablar haciéndose eco con ellas y sacó su mejor voz para decir: se ruega al propietario de un Audi aparcado en las inmediaciones... No es que su idea sea la broma permanente. No es un clown, ni siquiera un presentador con vis cómica, es sencillamente ocurrente. Chatarrero, ha llegado el chatarrero, terminó diciendo en un tono «Buenafuente total». Se lo señalé y me dijo «me sale mejor a mí». Puede ser, ¡qué más da!

En la terraza todo avanzaba como si Buenafuente o él mismo estuvieran sonando en la radio. Ni siquiera la camarera, que había sonreído al oírlo, se había detenido y seguía buscando a la propietaria del Audi. No apareció. Este es un bar de proletarios, dijimos, prueba en bares más caros. Aquí nadie conduce esos coches. Quizá sea de algún ejecutivo de los que están con el proyecto de la Azucarera en las manos. Todavía no eran tiempos de PCRs ni de vacunaciones masivas y el bar mantenía su sabor a tortilla cuajada en su punto y monos de trabajo. Recuerdo haber visto a menudo a un trabajador del Ayuntamiento que se ocupa de la limpieza de las calles —siempre hemos dicho «barrendero», pero en este tiempo de eufemismos permanentes uno no sabe bien si hacen daño las palabras y las usa como puede, porque no se trata de expresar lo que uno siente, que para eso está la poesía, sino de contar lo que pasa y esa perversión de las palabras es algo que pasa y que vale la pena que sea contado— que siempre se sienta en este bar con un libro en las manos a tomar su café y su tortilla de media mañana. Recuerdo volúmenes muy gruesos de Posteguillo y no sabría decir si Javier Marías, tal vez esa novela situada en Ruán, que describe, creo yo, esa sociedad leonesa que hemos conocido en los noventa y primeros dos mil y que tal vez perdura, aunque es verdad que la crisis del dos mil ocho y el coronavirus nos han cambiado a todos.

Y la historia de la radio es muy graciosa porque... —oye, perdonad, ¿tenéis un Audi aparcado por aquí? Y toda la digresión que sigue que se ha contado en el párrafo anterior—... allí en los Maristas me eché un par de amigos y uno de ellos empieza a decirme que su padre es el director de Radio Nacional de España aquí en León. Así es que yo me dije: la ocasión la pintan calva, quiero conocer Radio Nacional de España. Dile a tu padre que me lleve. Y me pasé unos días insistiendo hasta que ya me dijo: bueno, es que no es tanto, no es que sea el director... Nada. No era nada. Era un vacilón.

De todos modos, me planto allí en la puerta de Radio Nacional, veo que es mentira todo lo que me ha dicho mi compañero de colegio y me digo, pues ya que estoy aquí, a Radio León, que está aquí al lado. Me llego allí, llamo a la puerta y me sale Don Enrique. Hola, ¿qué quería? Pues quería ver la radio. La radio no se puede ver, zanjó el asunto.

Así es que marché, pero al día siguiente me dije, pues yo vuelvo a probar hasta que encuentre a alguien que me la enseñe y con tan buena suerte que tuve que apareció Severiano y me la enseñó y ya me fui por ahí metiendo un poco y venía a verlos y fue como una revelación, porque justo coincidió que iban a poner en marcha Los 40 Principales y ya me quedé allí medio instalado y conmigo también empezaron por entonces Valentín y Luis Javier. Y allí estábamos los tres. Nos pusimos al día echando lumbre y allí me quedé haciendo un turno de Los 40, pero de aquella estaba yo trabajando en el Hospital Monte San Isidro —esa es otra historia—. Entonces iba por la mañana al Hospital, dejaba de trabajar allí con lo de la colza y me iba toda la tarde a la radio. Mañanas colza, tarde 40. Un turno completo. De tres de la tarde a nueve de la noche.

Cuando empecé a trabajar ya solo en la radio combinaba los programas musicales con los de información. Entré en una dinámica muy potente, porque empezaba a las nueve de la mañana con el Pido la Palabra, que era una hora de llamadas telefónicas. Teníamos dos líneas, una con el sí y otra con el no. Llamaba la gente, la sacábamos a antena y traíamos un experto invitado para hablar del tema. Uno o dos invitados. Era una especie de debate con llamadas en aquellos ochenta nada digitales y muy manuales.

Después hacíamos un magazín como el Hoy por Hoy de ahora, que se llamaba SER Amigos —ahí viene el del Audi, por fin lo han localizado, no se sabe bien dónde estaba ni qué hacía, solo que el Audi es de segunda mano, de esos que se importan de Bélgica o Alemania, de esos que los llevas a Audi y te dicen: quinientos, por preguntar— y luego pasé a hacer La Mañana de la SER, un directo de diez a dos con unas guías de publicidad con cuñas de las de «a minuto» que duraban una eternidad. Era brutal aquello. Había una cantidad de publicidad impresionante. Ya sabes que yo siempre he dicho que la publicidad local también es información. La publicidad es información, en general, pero es que la publicidad local es información puntual, cercana, casi hasta que se podría decir que te hace tu agenda diaria.

El seiscientos de tu madre había ido flotando hasta la orilla. No habría necesitado del acto heroico de tu padre. Pienso que la heroicidad es siempre innecesaria, que la vida fluye en el río de la conciencia sin que cambie nada la acción de nadie ya sea heroica o interesada. El propio flujo de la necesidad atómica que hace las cosas determina el mundo. Esa es la única forma de entender que todo siga hacia adelante, que no se pare el mundo bajo los golpes de los palos en el agua buscando el cuerpo del héroe. El seiscientos sigue su curso y avanza siempre hasta la orilla. Poco importa que se cruce un Audi en el relato, porque los días se van apretando unos contra otros y en su transcurrir implacable nos van acercando a todos al único punto de encuentro inevitable y de ese modo nos separan del dolor más insufrible y nos hacen posible respirar por las mañanas, incluso reír y tener ilusiones y buscar con la imaginación nuevos quehaceres y desgracias, porque el dolor nunca es eterno, como no lo es la dicha. Por eso encontramos tanto bienestar en el instante, en el imposible instante que nunca llega y que cuando llega ya pasa, la efímera belleza de la palabra, el don del hombre, la voz que te lleva.

Los talentos no están para esconderse en la tierra. Siempre despiertan y te mueven hacia tu lugar, sin que puedas hacer nada para evitarlo. Los talentos te tienen a ti, no son algo que tú tengas.

El seiscientos siguió su camino y tu madre con él. Tu padre quedó en el agua. Tú estabas en la orilla viéndolo todo. Después, el mundo se recompuso y siguió hasta aquí, hasta este momento en el que estamos, pero no sabe detenerse y continúa, y seguirá tejiendo y destejiendo, avanzando imparable, justo como un río. Justo.

CAPÍTULO II.
LA BOLSA O LA VIDA O EL BOTÓN DE LA BARRIGA

Imágenes de un pasillo de paredes acristaladas que dejan ver a un lado las luces de la ciudad y al otro los patios interiores del hospital, las entradas de servicio, los aparcamientos, los muelles de descarga de mercancías, de medicinas, de utensilios imprescindibles para la sanación, de manera que del lado de la ciudad se percibe a distancia el desarrollo normal de la vida y se siente lejano el pulso de los que la habitan, que a esa hora de la noche todavía no están durmiendo, pero ya están en sus casas reunidos alrededor de la televisión, tal vez leyendo una novela y escuchando música o puede que fregando los cacharros en la cocina con la radio puesta o haciendo los deberes de matemáticas a ritmo de los últimos temas del «Módulo Dance».

Todo es pura imaginación de quien va a recorrer el pasillo, porque las luces de la ciudad, en su lejanía, no dejan ver ninguno de estos indicios de vida mientras que, por el contrario, del otro lado del pasillo, cuando las escasas paredes de ladrillo, las puertas de los despachos, los pasillos acristalados que arrancan desde este que escogemos como imagen de lo que pasa lo permiten, se ve la penumbra del momento; el no hacer de las cosas en la inactividad de los servicios que no son de urgencia en esta parte del edificio, apagados o alumbrados apenas por la suavidad de la luz de algunas farolas, pocas, arropadas en la lluvia, que conforman un paisaje tan propio de la importancia del día que se entiende que forman parte del diseño mismo de la puesta en escena de un autor todopoderoso que organizara cada detalle de lo que está en el foco de la acción; un director de cine exagerado que quisiera envolver la escena en toda la tristeza y la distancia posibles.

Hospital de León. Pasillos interiores. Once de la noche. Llueve.

A la irrealidad de la imagen también contribuyen los colores, que van cambiando a medida que se avanza por el pasillo. Una huida del blanco hospital que llama la atención por su atrevimiento desenfadado pero comedido. Colores pastel que pintan los tubos que, casi pegados a la cristalera —no se sabe bien si están allí sencillamente para marcar un límite o porque pretenden ser un elemento más de una intención vamos a decir «humanizadora» del dolor que produce estar en un hospital o la esperanza o el miedo o el cansancio, o si son elementos necesarios para el transporte de oxígeno, quizá agua, electricidad, quién sabe qué clase de suministros, algo imposible de determinar para un observador que no sea experto— dirigen los pasos de quien recorre el pasillo.

También en la imagen están los carteles que pretenden señalar el camino por el pasillo, pero como se abren tantos otros pasillos en tantas direcciones, se hace difícil determinar la señalización que conduce de manera exclusiva en dirección a los quirófanos, siguiendo las indicaciones que ha recibido quien los recorre en la puerta, cuando preguntó por un enfermo que acababan de ingresar, José Manuel Mures, el de la radio. Sí, está ahora mismo en el quirófano, pero eso está en el otro edificio. Tiene que ir por este pasillo y después por un pasillo muy largo. Tiene que seguir las indicaciones que le llevan al otro hospital y después, cuando llegue allí, seguir las indicaciones que llevan hasta la sala de espera de los quirófanos. No tiene pérdida. También se puede salir y entrar por la otra puerta, pero, a esta hora, está cerrada. La única que está abierta es esta de la entrada.

El sonido solo es el de las pisadas. Y el de la lluvia imperceptible en las enormes cristaleras.

Más allá del sonido y de la imagen no hay nada en la estampa de lo que duele, de lo que sucede, hasta que llega —sin haber podido preguntar a nadie, porque no hay nadie en ninguno de esos eternos corredores— al momento en el que empieza a leer los carteles de los quirófanos. Sala de espera cuatro, se repite mientras recorre los pasillos y repara en la imagen estremecedora, en el sonido perturbador, esa es a la que tengo que llegar. En ese momento de duda, casi al llegar al destino, se cruzan unos pasos por el pasillo que corta en perpendicular al que lleva recorriendo tantos metros y una mujer que empuja un carro, parece que con útiles de limpieza, pasa de largo antes de que llegue a la intersección y se le pueda preguntar si ese es el camino correcto, aunque todo indica que sí, que lo es. Es solo que como nunca nadie sabe qué está al otro lado de la sala de espera número cuatro, pretende eternamente recorrer el pasillo acristalado y mantenerse en el juego sin querer conocer del todo el resultado final.

Las palabras con las que le llegó el aviso a través del teléfono habían sido sencillas: no sé qué le ha pasado, ha entrado al baño y ha empezado a gritar, a decir que tenía un dolor muy fuerte en la tripa y me lo he traído al hospital.

Flota entre las paredes de cristal un aire de abandono, de ausencia. Es como si todo se hubiera alejado de sí mismo y solo quedaran el pasillo, las luces de la ciudad, los oscuros patios de servicio, el sonido de las pisadas. Ella está sola en la sala de espera número cuatro. La sala es enorme y ella, Yolanda, está sola esperando que alguien pregunte por los familiares de un enfermo concreto, los familiares de ese chico de la radio que en este momento concreto depende de esta intervención quirúrgica para poder seguir viviendo, quizá los familiares del único enfermo que ese día a las once de la noche, once y media ya, está siendo atendido porque ha tenido un dolor horrible en la tripa y su compañera se lo ha traído al hospital asustada. Sola.

Luego ya sí, vino el hermano y fue un momento oportuno para dejar a solas a la familia. La salida le resultó más fácil. Por el otro edificio. Un edificio del que se podía salir, pero al que no se podía entrar. Algo así le pasaba a él, o al revés. No importa demasiado, como tampoco importa que no lo operaran ese día, que se aplazase a otro momento la intervención. Ya todo se había salido del cuadro y la realidad volvía a estar pegada a sí misma. El guion de la película de miedo terminaba en una imagen de lluvia y soledad, pero sin monstruos, sin suspense siquiera.

La vida hay que tomarla como viene y la señorita que me operó, la doctora Diago, que tiene un humor estupendo, a poco de salir de allí, después de que yo no quisiera salir del hospital, —porque según ella yo no quería salir del hospital y es verdad que tenía mucho miedo a marchar, que andaba por allí con lo de mi bolsa: «Este tío no quiere marchar de aquí», decía siempre; «tú tienes que marcharte ya», me insistía— me llama un día y me dice que van a hacer «la fiesta de la bolsa». Y resulta que eso de la fiesta de la bolsa era una reunión de colostomizados que se realizaba en el ayuntamiento en la que se presentaban todas las novedades relativas a las bolsas de las personas con colostomía. Y allí me presenté yo con mi chándal a ver las bolsas y las novedades de la fiesta de la bolsa. Y lo recordamos con mucha gracia por la ocurrencia de llamar a algo así «la fiesta de la bolsa», pero es que hay que tomarse la vida así, compañero. Al principio me costó, pero luego lo acepté y he hecho vida normal todo el tiempo que he tenido que llevarla. Ahora que no la tengo estoy mejor, qué te voy a contar, pero la fiesta de la bolsa me ayudó a comprender que hay que tomar la vida como viene, que es así y no puede ser de otra forma. Así es que ya sabes, esto mío, como lo de tantas otras personas, terminó siendo la bolsa o la vida. O como decíamos de pequeños, la bolsa o la vida o el botón de la barriga. ¿En tu pueblo no se decía así? ¿No se decía lo del botón de la barriga? No me lo puedo creer.

Mirar de frente la propia muerte es un hecho que determina tu vida. Hasta que no te ocurre, no estás en condiciones de afirmar que sabes enteramente cómo te comportarás ante ella. No valen hipótesis, ni supuestos teóricos apoyados en experiencias semejantes compartidas con otros. La mirada a los ojos a la muerte es un hecho privado. Imposible de compartir. Quizá como todo lo que sucede, aunque pueda parecer exagerar las cosas.

·ı|ı·ı|‖|ıı|ı·

Es verdad que estaba con morfina, con mucha morfina, creo, pero un par de veces me vi enfrente justo flotando, desnudo, con las sábanas colgando como si fuera Jesucristo. Me veía en la cama metido. Me veía a mí mismo y me veía como en flotación desde arriba y, de repente, me venía como un *flash* y me decían «ahora no te toca». Y me volvía a meter en el cuerpo y notaba la sensación de cuando me volvía a meter en el cuerpo. Me pasó dos veces. Tengo a Contreras flipado con este asunto, porque dice que es una cosa muy seria y yo ya le digo, «oye, que te lo cuento como una cosa curiosa».

La sensación es que, de repente, te sales del cuerpo, entras en flotación y te quedas mirándote a ti mismo. O sea, yo estaba en la esquina allí subido con las sábanas como colgando todo en blanco, como con un halo blanco, y me veía a mí mismo abajo, muerto.

Y como que un golpe de mano te dice: «no te toca, chaval». Y «fuuuum, ochiuuum», me volvía a meter en el cuerpo y ya estaba dentro. Es una cosa rarísima. Ya te digo que me pasó un par de veces. ¿Quién me llama? Sara, seguro, espera, que la atiendo.

·ı|ı·ı|‖|ıı|ı·

Y no le da más importancia. Como una cosa curiosa.

Nació con la enfermedad de Hirschsprung, un trastorno congénito que comporta un movimiento muscular deficiente en el intestino y que conduce a la aparición de obstrucciones intestinales. Cuando se produce una obstrucción que la persona que padece la enfermedad no puede resolver por sí sola, se van almacenando cada vez más elementos de desecho y se puede llegar a producir la muerte si no se realiza una intervención quirúrgica para eliminar la obstrucción. Y eso fue lo que pasó. Una más de esas cosas que deben ser contadas.

Ya te aviso que no vamos a contarlas todas, que solo vamos a contar las que lo explican a él sin complicar a otras personas. Es bien difícil dibujar esa línea. Para mí, que soy de contarlo todo, es más difícil, pero respetaré su deseo y dejaré al margen lo que él me pida. Por eso no sigo por aquí y dejamos este episodio en lo que es: una cita con la muerte por acumulación de porquería.

Afortunadamente, la doctora Diago abrió y limpió y cerró y derivó a la bolsa. La bolsa o la vida. Y después, pasados los meses, no sé si hasta un año o más, el doctor Simó, del mismo equipo de magníficos profesionales que la doctora Diago, volvió a cortar y a pegar y a recolocar y las cosas siguen su curso natural, sin tener que volver a ir a «la fiesta de la bolsa», aunque Mures siempre me dice que le gustaría poder ayudar a las personas que lo pasan mal cuando sufren una colostomía, porque la vida es así y hay que aprender a tomarla como viene.

CAPÍTULO III.
¿ME PONES «POLUCIÓN» DE TOPO?

Es mi primer día de trabajo en León. Es martes y trece. Es enero de 1998. Es un día en el que en las calles todavía quedan los rastros de una nevada y el hielo se deshace en las aceras que desbordan agua a los sumideros en todas las esquinas. Hace frío y en la ciudad, de ritmo lento, se suceden visitas de presentación para conocer a las personas con las que voy a tener que trabajar. Trato de incorporar tanto nombres y lugares como funciones y compromisos. Se me abre un mundo nuevo que no conozco que va desgranando lentamente pequeños secretos que no hacen sino anunciar la existencia de secretos verdaderos, auténticos secretos inaccesibles que nunca podré desvelar. Esa idea de cercanía y distancia me lleva de una oficina a otra, de una puerta en otra puerta, de una mano tendida a un apretón de manos y un afectuoso golpecito en el hombro. Es un día de sensaciones encontradas en el que me siento atrapado en una vida nueva que no termino de ver si me corresponde. Me siento atenazado por esta nueva circunstancia, atrapado en un traje y una corbata, soportado por una mano que recoge mi mano a la vez que me sujeta del hombro, ese reconocerse típico de quienes compran y venden y se llaman a sí mismos «hombres de negocios». Recuerdo preguntas inocentes que me parecían trampas por su resabio bélico —y, vosotros, ¿qué operativa mantenéis?— y a la vez no era capaz de descubrir las verdaderas zancadillas que se deslizaban sobre mullidas alfombras en el ambiente más afable y amistoso. Había venido del mundo de la educación al de los negocios y me sentía tan desorientado con ese aluvión de informaciones y nuevas responsabilidades que me identificaba con esos restos de nieve en las aceras: algo frío y sucio que se deshace a toda velocidad.

Es en ese día en el que conozco a ese chico de la radio. En ese mar de rostros nuevos uno de ellos es el del coordinador de *Los 40*, que nos recibe en su despacho de la calle Villafranca, en la casa de Radio León. La escalera por la que subimos tiene el sabor de los edificios nobles del XIX. Hasta se puede uno imaginar el olor del casino y el roce de miles de pies en el mármol de los escalones, el tacto de millones de pieles distintas arrastrándose por el pasamanos, acariciando la curva de la subida en el descansillo, las puertas de doble hoja que se abren al otro mundo. Más allá de esas puertas de cristales, casi enfrente, en ese otro mundo que es la radio, un despacho atestado de discos, carteles, tarjetones publicitarios, artículos de *merchandising*, un *maremagnum* de proyectos, de ideas, de productos. Unos ya realizados, otros por realizar.

Ese día no conocí la radio. Solo tuve idea de que, para nuestro negocio, ese hombre que hablaba y hablaba desde el otro lado de la mesa era una pieza fundamental. No solo porque ya sabía que el último dólar hay que gastarlo siempre en publicidad, sino porque sabía que esa publicidad que comprábamos era un pedazo del alma joven de la ciudad.

Uno se imagina siempre al DJ de la radio en su burbuja de discos, ausente del flujo de las mercancías. Es como ese Dios que se pone al otro lado del teléfono al que le pides una y otra vez la misma dádiva, cambiando la voz, cambiando los tonos de tu voz con la intención de que no te reconozca, pensando que así no se va a dar cuenta de que eres siempre el mismo. Ese que llama diciendo, ¿me pones Polución de Topo?

Y nadie se para a pensar en que, para que suene por la radio Polución de Topo, tienen que sostenerse los costes que conlleva ese hecho y para que toda esa pirámide de acontecimientos se mantenga en pie y en el pico, en el vértice de esa pirámide que emite tu canción favorita, suene la música, toda la base tiene que moverse y hasta los artistas que viven en los discos, con los discos, poniendo discos, tienen que bajar al piso de las aceras que se deshielan, esa mezcla de barro y agua y humo y hollín, esa masa fea que deja detrás la belleza de la nevada, cuando la nieve se deshace. Y en el negocio de la radio se trata de vender un trocito de aire que es lo que sostiene la pirámide. Quizá es por eso por lo que es tan hermosa la radio, porque se sustenta del aire, es hija del aire, quizá hasta en el sentido en el que escribe Calderón en su tragedia. Sí, la radio es Semíramis, es hija del aire, la radio es fuerza y poder contra el poder. Es aire en el aire y se sostiene del aire con su publicidad.

Otra cosa es que el que está en la radio, además, tenga que saber que Polución no se llama Polución, sino que su título es Marea Negra, aunque sí que es verdad que empieza diciendo: «Polución. Alzo mi voz contra la polución que nos invade» y es fácil saber qué tema te está pidiendo una y otra vez ese fan de Topo —el mismo siempre, que llama tratando de imitar voces distintas— para que lo hagas sonar en antena. La cosa es más difícil cuando la canción es en inglés y quien llama te dice que quiere que le pongas esa que dice…

Hubo un tiempo en el que yo hacía el programa de las mañanas cuando Radio León todavía no emitía en cadena la programación de la SER y, por la noche, hacía el Expreso de nueve a doce y luego lo ampliamos hasta las tres. Ese programa de la mañana lo hacíamos Elena Cimas, Severiano Fernández, Julián Navarro y yo. Severiano era el técnico y Elena y yo los presentadores y hacíamos cuatro horas diarias de radio local. ¡Y con contenidos! Y ahí entrevisté a todos. Me hice unas elecciones. Hacíamos «El Sermómetro», que era una cosa con llamadas telefónicas. El programa se llamaba «SER Amigos». Hacíamos cosas muy chulas, muy chulas para la época. Yo me acuerdo, en plenas elecciones, que hacíamos cosas imposibles hoy en día. Imagínate que, por ejemplo, cogíamos una unidad móvil y nos plantábamos en Ordoño con el candidato de turno, nos poníamos en la acera y a quien pasara le ofrecíamos el micrófono y le decíamos: aquí tiene usted a menganita o a fulanito, candidato del partido tal, ¿quiere preguntarle algo? ¡Aproveche ahora!

Usábamos mucho la calle, la unidad móvil. Hacíamos entrevistas de todo tipo. Bueno, yo he entrevistado… El otro día me encontré con un listado de las personas a las que he entrevistado, bueno, de las que había entrevistado hasta esa fecha, porque durante algún tiempo estuve llevando un archivo de las entrevistas que hacía, pero luego lo dejé, porque soy un desastre, pero cuando miré esa lista había una cantidad de gente que no me lo creía ni yo. Serrat, Sabina, no sé qué, tal… ¡Todos! Nuria Espert, eh… Bueno, no te imaginas la lista.

Espectacular. La estuve apuntando, para darme el gustazo de recordar a las personas que he entrevistado, pero se me queda corta, porque luego hice cientos de entrevistas que ya no están en esa lista. Es una lista tan larga que ya ni me acuerdo. Si tuviera que decirte de alguien que me hubiera impactado especialmente, no sé, así de golpe me viene a la cabeza ese italiano que era cómico, ¿cómo se llamaba? Sí, hombre sí, que imitaba al Papa, que preparaba unas tremendas, que luego montó lo del Paticano y la iglesia Patólica de Madrid, Leo Bassi, hombre. Lo primero que me dijo es: me he dado una vuelta por León y solo hay bancos y «banquieri». Durante su actuación en el Emperador, se levantó una señora en medio del show con su «abrigazo» de pieles y se marchó toda ofendida. En el Emperador he hecho muchísimas cosas y por teléfono incontables. Recuerdo, en los comienzos del pop nacional, cuando los grupos venían a tocar y casi que te venían ellos a la radio a pedirte las entrevistas y no al revés. Me acuerdo de que, en cierta ocasión, estaba yo haciendo el turno y llamó alguien a la puerta diciendo: «somos un grupo que vamos a tocar aquí en Pola de Gordón y el de la discoteca nos ha dicho que vengamos por aquí por la radio para ver si nos podéis hacer una entrevista». ¡Y eran Radio Futura! ¿Sabes? Auserón y compañía. Puede parecer sorprendente ahora que yo te cuente que Santiago Auserón llegó un día así llamando a la puerta de la radio, pero es normal, todos tenemos un comienzo, ¿no?

Todos tenemos un comienzo, efectivamente. De esos comienzos me has contado infinidad de anécdotas y me planteo que, aunque quizá esas son las historias que apetecería leer, no son las historias que se deben contar. Al menos no como historias, no como un fin en sí mismo, sino como apoyo a una historia distinta que se está construyendo alrededor de esas vivencias.

Hubo un tiempo en que por debajo de la radio pasaba el papel cebolla. Acostumbrados como estamos a escribir con los procesadores de texto, no nos damos cuenta de que las redacciones de los periódicos y de las emisoras de radio cuando empezaron a existir y de las televisiones cuando después vinieron, había un bosque de papeles, un concierto de teclas repiqueteando sobre los tambores de las máquinas de escribir. Todo se escribía en los papeles, se organizaba en una secuencia material que ocupaba un espacio físico, un volumen. Ahora todo es más fácil y las escaletas y los guiones se quedan en los discos duros, ocupando un espacio sin espacio. A lo sumo se imprime alguna copia para que el locutor lea o controle el programa, pero la mayoría se quedan ya en los portátiles, en las tabletas digitales, en el mundo casi inmaterial de la tecnología. Pero entonces, en tus comienzos, no era así y la radio se construía primero en las teclas de las máquinas de escribir y lo que se quería contar se tecleaba previamente sobre un papel. Ingentes cantidades de papel.

Todo ese volumen de papel se hacía mínimo gracias al calco y al papel cebolla. Escribir sobre el papel cebolla —hacerlo a mano era un arte— era tan habitual entonces como hoy nos parece inaudito. De hecho, no sabría decir cuántos años hace que no he visto un folio de papel cebolla, aunque, en aquellos años ochenta, que es de cuando hablamos, era tan habitual como imprescindible. Y esa condición de frágil inherente a su natural delgadez extrema, tan necesaria para poder hacer varias copias con el papel carbón en las máquinas de escribir, es una metáfora de aquel tiempo. Tiempo abundante, pero de esquelética naturaleza, explosión de ideas y de formas nuevas de atender a la vida que se conformaron en la vida cotidiana de los trabajos y las instituciones y las horas de los que vivíamos al ritmo de un mundo nuevo por construir, pero también en los medios de comunicación y en el arte. Sobre todo, en el arte. Yo diría que en todas las artes, en la literatura, en el cine y el teatro, en la pintura, la escultura, la arquitectura, solo que lo que más sonó es la música, como no podía ser de otra manera, y es así que te encontraste a Radio Futura llamando a la puerta para pedirte una entrevista.

Papel cebolla a mansalva para recoger la explosión de aquel tiempo, casi naif, como muchas de las canciones que nos hicieron caer enamorados de la moda juvenil. Papel cebolla en resmas, veinte manos de papel por cada resma, cinco cuadernillos por mano, cinco pliegos por cuadernillo. Papel cebolla imposible para el lápiz que aprieta. Siempre el papel cebolla que lo cubre todo.

Luego hay algunas entrevistas que han dado bastantes vueltas, mira la de Ángel Barja. Estuve una temporada haciendo unas entrevistas de una hora a las doce de la noche, de doce a una. Me traía un único invitado y estábamos una hora hablando, charlando de la vida. Y yo le hice una entrevista —he hecho muchas entrevistas de esas—, pero quiero remarcar una que le hice a Ángel Barja, ya no sé si a principios del ochenta y siete o a finales del ochenta y seis. Es muy especial porque, al poco tiempo, falleció, de manera que esa entrevista me la pidieron, pues fíjate, por ejemplo, de la Diputación para poner un fragmento en un homenaje en vinilo que le hicieron —una cara entera del vinilo recoge la entrevista que yo le hice a Ángel Barja—. Después, con el tiempo, Nieves la incluyó en un libro de los Leoneses del Año. En la radio, sobre ese tipo de cosas, nunca me dijeron nada, ni para bien, ni para mal. Yo creo que es una virtud, porque eso te da libertad para pensar y hacer lo que te parece, aunque es verdad que alguna vez sí que he echado de menos saber si lo que estaba haciendo gustaba. Supongo que sí que gustaba, porque nadie me decía que dejara de hacerlo y esa libertad, a nivel creativo, te permite inventar muchas cosas.

Inventar muchas cosas. La necesidad de hacer siempre algo diferente es salirse, como Chaplin, de la cadena de montaje de los tiempos modernos, eso que nos ha pasado y nos ha convertido en jóvenes viejos o viejos jóvenes, no sé decir, lo que ha hecho de nuestra generación eternos niños —el eterno femenino que cantaba La Mode y que hizo a Warhol esposo de su casete, un delirio de azúcar de la época—, lo que nos tiene así en un mundo que nos sobrepasa y nos exige para el que ya no estamos preparados o en el que nunca supimos estar, no sé. Siempre inventando para salir del camino recto.

Y lo asombroso es que, habiendo conocido a todos esos personajes tan intensos, tan poderosos o tan influyentes, habiendo podido estar cerca de ellos y oler sus pieles, te quedes en la casa del pueblo removiendo las piedras del patio, porque ese es el espacio más sincero que te acoge y ya no necesitas mirarte en nadie. Nunca lo has hecho. En realidad, nos pasa un poco a todos los de nuestra generación, que nos hemos organizado la vida como individuos sin espejo porque crecimos a la sombra del desarrollismo y, por muy difíciles que fueran las cosas, todo estaba ahí para nosotros y crecimos sin mitos y sin leyendas, nos hicimos jóvenes en una selva de ideas nuevas y decidimos utilizar el papel cebolla con calco de papel carbón como ahora manejamos Instagram o Twitch. Se nos pegaron las canciones de Ricardo Cantalapiedra y conocimos a Serrat, estuvimos con Kaka de Luxe, pero no nos aprendimos la letra y nadie nos oyó cantar.

Auserón llamó a tu puerta para que le hicieras aquella entrevista, has entrevistado a cientos de personas mediáticas, famosas, brillantes, pero, de todas las entrevistas que has hecho, te quedas con la de Ángel Barja. Dices que porque fue la más especial. Tendrás razón. Yo me aventuro a pensar que te quedas con ella porque Ángel Barja es, para León, la música.

Entrevistaste a Santiago Auserón, metálico en el jardín botánico —quizá todavía no por aquella época, desde luego no Juan Perro—. Entrevistaste a Ángel Barja, memoria en la radio, legado.

·||··||‖||··||·

Una de las máximas que siempre he seguido es la de rodearme de muchos colaboradores que, o ya eran amigos míos antes de empezar a trabajar juntos, o han terminado siendo grandes amigos y que, en muchos casos, han dejado de colaborar conmigo cuando les han ofrecido algo mejor.

Te cuento, por ejemplo, el caso de Cantalapiedra. Jesús Cantalapiedra era un amigo de mi expareja que trabajaba en un banco. Yo lo conocía de eso y de una colección de fotos que había presentado en una exposición. Fui a hacerle una entrevista y, cuando se la hice, porque yo en realidad no lo conocía tanto, que la relación era del banco solamente, me encuentro con una persona muy ingeniosa que, al hablar, tartamudea un poco. Eso fue lo que me llamó la atención, su manera de hablar y su ingenio, porque Cantalapiedra tenía mucho ingenio y ya escribía muy bien, con la circunstancia también de que era hermano de Ricardo Cantalapiedra, el cantautor, y yo le dije, oye, tú con la «dialéctica parda» que tienes me venías bien en la radio. Yo necesito un tartamudo en la radio.

Quiero alguien que todas las semanas me escriba una columna de opinión y me gusta la idea de que la hagas tú con ese problema de dicción para dejar claro que la radio es de todos y para todos y que no hay barreras en la comunicación. Y ahí estuvo, hablando por la radio con su tartamudez sin ningún complejo, normalizando una situación, porque las personas que tartamudean existen y ¿por qué no van a poder hablar por la radio? Su columna se llamaba «Made in Spain», un poco al estilo de la época, como el Celtiberia Show de Luis Carandell, y era cañero escribiendo, pero mi idea de normalizar esa dificultad en la dicción no creas que se vio mucho, porque, el tío, cuando se ponía a leer para la radio no tartamudeaba, no te lo pierdas.

Tengo cosas guardadas muy bonitas de él.

Y de Miguel Ángel Cordero, que fue mi profesor de Filosofía y a quien también convencí para que fuese mi colaborador en aquellos tiempos, que ahora es bastante famoso y se dedica a dar conferencias. Hace algunos años publicó un libro y un DVD junto con Antonio Gamoneda y Amancio González que se titulaba «La poética del espacio». Más que recomendable. Fíjate que recuperé algunos materiales suyos y se los he pasado hace poco y le encantó volver a oír sus intervenciones. Me llamó para darme las gracias y me hizo una ilusión tremenda. Te digo que fue como si me llamara el Presidente del Gobierno. Me hizo una ilusión enorme que me llamara mi profesor de Filosofía, porque no había vuelto a hablar con él desde entonces. Me hizo regresar a los tiempos del instituto oír su voz en el teléfono, porque era como volver a esa época. En el teléfono lo escuchaba y hablaba con el mismo tono de voz que en la clase y, además, no te lo pierdas, que es que me dijo que me veía en el instituto y ya se daba cuenta de que yo era alguien especial. No sabes lo contento, lo bien que me hizo sentir que mi profesor de Filosofía dijese eso de mí.

Tenía colaboradores excepcionales. Date cuenta de que Joaquín Revuelta hacía el cine con Benigno Castro. Colaboraba con nosotros Francisco Pons, un compañero de Diario de León que ya falleció. No sé, eran muchas personas y muy interesantes. Martín, Lolo, Contreras, los Núñez, La Braña, Ángel...

⑈|⑈|||⑈||⑈

Eso fue lo que dijiste y así se recoge. Yo sé que luego vas a querer ampliar esa lista, porque vas a pensar que alguno de tus colaboradores —y amigos— se puede enfadar por no haber sido citado, pero no te voy a dejar. Se va a quedar como está, con esos cuatro o cinco nombres, porque son los que te han salido, los que has encontrado en tu memoria como fundamentales, al menos como fundamentales en aquella época de los ochenta.

Que sean los que tu memoria ha recuperado como fundamentales no quiere decir que lo sean. Al menos yo lo siento así y creo que quienes hayan trabajado contigo en esos años y no estén en esa lista tan corta que has hecho —me refiero a Pepe Muñiz, claro— no se van a dar por omitidos en esta situación. Lo fundamental no es lo que a primera vista se recuerda. Lo fundamental está escrito en otros lugares o puede que no exista, puede que todo sea fundamental, como puede que nada lo sea.

Lo que me quedo de todo esto es esa incondicionalidad con la que siempre has defendido a Jesús, incluso en su época de concejal, con sus claroscuros, incluso cuando te dejó para irse a colaborar con Radio Nacional porque, amigo, ¡allí le pagaban! Defendiste tu creación, ese lobo que salió de la oscuridad del banco de tu mano y escribió, publicó, pintó, esculpió y hasta propuso un concurso de feos y feas como alternativa a la elección de la Reina de las Fiestas. Esa incondicionalidad, permíteme que te diga, en ocasiones te pierde.

También me quedo con esa idolatría hacia el profesor de Filosofía. No por saber ver que eres especial, porque eso cualquier profesor lo detecta nada más entrar en una clase, sino por la reverencia con la que hablas de él. Tú que no has hablado con admiración de los famosos artistas nacionales e internacionales que has conocido, te rindes a la admiración de tu profesor de Filosofía. Me parece que es una enseñanza en esta sociedad mitómana en la que los chicos se vuelven locos por hacerse una fotografía con alguien que simplemente se graba mientras se maquilla o tiene la virtud de que le quedan bien todos los colores de lápiz de labios —hay una muchacha que hace estas cosas en Tick Tock y tiene casi ocho millones de seguidores— o alguien que se graba mientras juega y coloca los vídeos en la red para que otros lo vean —algo que uno no termina de entender, porque la gracia del juego está en jugar, aunque es verdad que siempre se dijo en el casino algo acerca de los mirones, por lo que seguramente el fenómeno no es nuevo—. Admirar a quien te enseña, admirar a quien sabe. Creo que me desdigo. Precisamente eso es lo que hacen los chicos, admirar a quien le enseña, admirar a quien sabe. La diferencia está en las cosas que sabe tu profesor de Filosofía y las que sabe El Rubius. ¿A quién interesa qué?

·|||·||‖||·||·

Lo que más me gustaba de aquella época loca, en la que hacía las mañanas de la SER y luego estaba por la noche en «El Expreso», era salir a las tres de la madrugada de la radio e ir a «La Hora Leonesa» a coger el periódico recién impreso, que todavía manchaba de tinta. Me iba para casa y cenaba leyendo el periódico del día siguiente, fíjate qué lujo, a las tres y cuarto o las tres y veinte de la mañana. Y me levantaba a las ocho y media o a las nueve y ya estaba en la radio a las nueve y media.

Me iba hasta el periódico, que tenía la rotativa y todo en el mismo edificio, lo que era el antiguo diario «Proa». Ya no existe. Vendieron el edificio entero e hicieron pisos.

Mi relación con la prensa escrita ha sido muy estrecha. Cuando nació «La Crónica» me pidieron colaborar y hubo un momento que escribía de todo. Hacía opinión, una página de música, hasta estuve encargado de los clubes, bueno, en aquella época los llamábamos Music Halls. En la sección que se reservaba para ellos informábamos de las actuaciones que programaban y siempre tenían una actuación de la que dábamos cuenta en el periódico. Yo nunca fui por ninguno de esos clubes, pero los conocía todos. Hablaba con ellos todas las semanas. Tenían actuaciones porque era una forma de captar clientes y la manera de esconder la verdadera actividad que se desarrollaba en esos sitios. A veces las cosas no son lo que parecen. Imagínate lo que es informar en un periódico de actuaciones del tipo «Rosa y su culebra». Pero no solo había ese tipo de actuaciones, que acabo de encontrar un anuncio de la época del Follies y actuaba Bibi Andersen, no te lo pierdas.

Esa página de música de La Crónica —habitualmente la cincuenta— incluía la lista de los 40 a dos columnas a la izquierda y el resto de la página era para comentar las novedades de la semana. Seis cajas para comentar los seis temas de la semana, debajo una fotografía a tres columnas con pie de página y, en el último cuerpo de la página, las efemérides musicales de la semana y las listas de CD, Casetes y LP más vendidos por un lado y la de Singles y Maxi-Singles, por otro. El 5 de julio de 1992 hablabas de Sergio Dalma y de Cristina y los Subterráneos, entre otros. Anunciabas el inminente concierto de Revólver con una foto del grupo y un pie de página que recogía unas declaraciones de Carlos Goñi en las que decía que «Si no hubiera que correr» era una declaración de principios.

En la lista de LP el número uno era «Calor» de Julio Iglesias y en la de singles reinaba Double You con su «Please don't go». También tengo por aquí el del 21 de junio de ese año: «Por si apenas tienes tiempo para nada, y mucho menos para acordarte de lo que es el amor, aquí tienes el nuevo single de The Cure para recordártelo». «Friday I'm in love».

En La Crónica recorrí mucho. Una de las cosas que más ilusión me hizo cuando estuve allí fue un día que vino a cantar Miguel Bosé a León y nos convocaron a una rueda de prensa en San Marcos. Ya sé que ahora Miguel Bosé no tiene buen cartel, pero entonces era un ídolo y yo creo que ha sido muy importante para la música popular en este país. Por aquel entonces era un mito. Y nos atendió muy bien y tengo unas fotos chulísimas de aquel día en las que hasta salgo guapo. Y al terminar la rueda de prensa veo que se me acerca un colaborador suyo y me digo, anda, si yo creo que este es el asistente de Miguel Bosé. Y efectivamente, llega hasta mí y me dice: «oye, ¿tú eres el que ha escrito la doble página que ha salido hoy en La Crónica sobre el concierto? ¿Puedes venir un segundito, por favor, que Miguel te quiere conocer?». Así es que, nada, voy con él hasta el coche y ya te puedes imaginar, Miguel Bosé diciéndome que le ha encantado cómo estaba montada la información.

Y es que había hecho uno de esos montajes que me trabajaba tanto, con una cara oscura y otra en claro, y estaba encima escrito, calado… Muy chulo. Y a Miguel Bosé le gustó mucho, ya ves. Hacíamos cosas muy buenas en La Crónica en aquella época. Se invertía mucho tiempo en hacer buenos montajes. Había que hacer de forma artesanal lo que hoy hacemos en un minuto con los programas de edición.

Era alucinante, porque tú le llegabas allí a Pin y le decías, quiero esto, y él sacaba dos reglas y dos bolígrafos de colores y te decía: a ver, ¿cómo quieres la página? Pues mira, quiero la cara de Miguel Bosé aquí y *raak*, colocaba la foto. Quiero el texto aquí y *piqui piqui piqui*, sacaba una calculadora y te decía: aquí tienes que escribir tantas líneas con tantos caracteres y te daba una maquetación en un folio sobre el que tú luego escribías la noticia. Chulísimo todo el proceso y requería de una habilidad y de un ingenio que ni te imaginas. Lo hacían todo a mano. Una maravilla. Tengo algunas de esas maquetas guardadas de aquella época, son preciosas.

Mi hija Laura, que hoy es diseñadora gráfica, se quedaba embobada observándome hacer aquellas composiciones. Siempre se lo digo: «Es como si ya supieras tu futuro. Te estoy viendo con los ojos como platos, pequeñaja, cuando solo eras un mico. Una niña de año y pico o dos años, con su gorro y su pompón colgando, sentada en aquella silla mientras estaba entregando yo la página». Una vez me la encontré con los dos bolígrafos de Pin haciendo rayas con las reglas, *chas, chas, chas*. «Ese fue tu comienzo de diseñadora gráfica». En La Crónica las cosas eran así y nos hacíamos familia todos los periodistas, los colaboradores y todos los que trabajaban allí, desde la recepción hasta los maquetadores.

Vaya cómo salía el periódico de manchado de aquella rotativa. Sí, sí. La Crónica. Pacho Reyero. ¡Qué tiempos aquellos! Allí estaba sentada en la puerta, que siempre me pareció una delicia, la que hoy es la mujer de Fulgencio Fernández,

Pepa, que estaba allí en la puerta y era, bueno, es un encanto de chavala. Te recibía allí con aquella voz que ella tiene. Es eso, un encanto. Pepa era la cara de La Crónica. Pepa Álvarez, que no vamos a dejar el apellido de él y esconder el de ella.

La prensa y la radio han sido el termómetro de la vida local. El hecho de que ahora recuerdes tus manos manchadas de la tinta de un ejemplar de La Crónica recién salido de la imprenta me hace pensar en momentos en los que, en León, y en toda España posiblemente, el sentir de los que hacían el mundo por las mañanas era que estaban construyendo algo nuevo y bueno. Ese optimismo de los ochenta es lo que te manchaba las manos de tinta, el sentimiento de que estabais transformando el mundo, construyéndolo, como te digo, cada mañana. Y ese es el mundo que le has construido a tus hijas, el mundo que le has hecho a tu hijo José Manuel, solo que se nos ha ido un poco de las manos y no nos hemos dado cuenta de todo lo que se ha construido sobre lo que con tanta generosidad creasteis en la ilusión de todo lo que empieza.

No hace falta que te cuente que hoy día ya es más que raro mancharse de tinta con el periódico, porque ahora lo vemos todo en el instante que pasa en las ediciones digitales, por mucho que nos hayamos dejado un espacio reservado en las barras de los bares (esa maravillosa reiteración: la barra del bar, the bar of the bar) para no tomar el café solos y hacerlo leyendo la «Cornada de Lobo» o disfrutando de esa mirada de Fulgencio y de Mauricio en la «Contracrónica». Pero esa es la idea, aunque hay muchas manos que prefieren el Marca o el As, el periódico se mantiene, fíjate qué curioso, como la radio, como elemento de compañía en momentos de intimidad o de descanso. Ya no es un arma cargada de futuro porque las revoluciones sucesivas que nos han traído a esta cuarta revolución, esa que dicen que es la de la información, nos deja fuera de juego a los principales instrumentos de información. Los periódicos, que cambiaron el mundo a finales del XIX y han seguido decidiendo o algo así —se me escapa ese análisis profundo— cómo ha sido la sociedad del siglo XX, ya han perdido su influencia decisiva y aquí en León también sucede, incluso en la cultura y en la política, que siempre se jugaron atendiendo al cuarto poder, ahora hay nuevos resortes, otras estrategias, un flujo distinto de los datos. Ya no quiere decir nada esa fotografía nostálgica de unos cuantos jóvenes que sienten que están moviendo el mundo mientras se comen un cruasán recién horneado y destripan cada línea de dos periódicos recién impresos. Esa poesía ahora es otra. Comprendo que sientas nostalgia de lo que viviste y hasta lo comparto. Es una pena que solo sea un recuerdo bonito porque, perdona que te diga, la transformación del mundo que nos ha salido no es como para estar orgullosos.

CAPÍTULO IV.
SANATORIO NACIONAL DE ENFERMEDADES
DEL TÓRAX MONTE SAN ISIDRO

Yo nazco a la radio con el nacimiento de la radio musical en España. En aquella época, los primeros ochenta, si querías oír buena música, la música que se estaba generando en Estados Unidos y en el Reino Unido, tenías que buscarte un amigo piloto o poco menos. La gente que viajaba traía los discos de Londres, porque aquí no se podían escuchar en ningún sitio, hasta que el gobierno obligó a las emisoras de Onda Media a emitir en un punto de la Frecuencia Modulada, de manera que todas esas emisoras de AM empezaron a emitir una programación en FM, que, de entrada, fue eminentemente musical. Tú piensa que, hasta ese momento, todos los programas musicales que había en la SER eran Los 40 Principales el sábado por la tarde y El Gran Musical el domingo por la mañana, que lo presentaba creo que Pepe Cañaveras. No había más. Aquello fue una auténtica revolución. Poner música todo el día en la radio era algo vital que nadie había hecho y tener una emisora de radio emitiendo música todo el día fue exactamente eso, una revolución. Y yo me vi allí en aquel estudio con dos platos y una mesa de mezclas grandísima y dos micrófonos. ¡Fíjate!

Leerás por ahí que Los 40 nacieron en 1962. El programa nació en el sesenta y dos, pero como cadena empezó a principios de los ochenta para ocupar ese espacio en antena que el gobierno obligó a asumir a las radios convencionales. Así empezó en España eso que se ha llamado radio – fórmula. Y así fue como empezó todo.

Un fenómeno curioso asociado al hecho de ser locutor en Los 40 fue la cuestión de los escenarios. Me llamaban para todo. Así es que me hice famoso en León y estaba en todos los saraos. Yo venía de cuidar a mis enfermos en el Monte San Isidro y luego me metía en la radio. Esa era mi vida en aquella época. Y por las mañanas, cuando estaba en el hospital, me decían algunos enfermos: «te oí, te oí ayer por la radio». Y yo los saludaba luego en el programa y les hacía mucha ilusión. A la gente le gustan mucho esas pequeñas cosas. ¡Vaya masacre, lo de la colza!

Cuando se compraron los terrenos para la creación del Hospital del Monte San Isidro el Gobernador Civil de León era Carlos Arias Navarro, quien treinta años después se pondría delante de una cámara de Televisión Española para pronunciar aquel histórico «Franco ha muerto», pero tuvieron que pasar bastantes años hasta su inauguración oficial en 1960 como hospital de tuberculosos. Se trataba de un hospital con una función residencial pensado para que los enfermos permanecieran largas temporadas, como aquel que ya había en Boñar y como tantos otros que se crearon en la época para atender a estos enfermos «tísicos» que necesitaban largos periodos de hospitalización en un régimen muy particular, dado que muchos de ellos no necesitaban guardar cama y podían permanecer vestidos de calle y participar en actividades de terapia ocupacional que completaban la prescripción facultativa: el reposo, elemento indispensable para su curación. Se trataba de hospitales que, visto en cierto modo, permitían la vida relajada de un balneario, una vida falsa de siesta en *chaise longue* y comedor con vida social que podría hacer pensar a un visitante inadvertido en un mundo que no era, porque la realidad permanente era una realidad de tos y de escudilla.

Hubo varios hospitales en España pensados de este modo para atender a los enfermos de tuberculosis. Algunos se abandonaron cuando el desarrollo de nuevos fármacos permitió tratar esta enfermedad sin necesidad de hospitalización y otros, como este del Monte San Isidro fueron cambiando con los tiempos, adaptándose a las nuevas realidades e integrándose en el sistema de salud pública a medida que la situación lo requería y los presupuestos de la Seguridad Social primero y las Consejerías de Salud competentes después lo fueron permitiendo. Este nuestro, en la situación actual, aparece como un edificio más del entramado del complejo hospitalario de León.

Algunas veces, cuando vuelvo de Madrid hacia León sin prisa, me vengo por el puerto en lugar de usar el túnel de la autopista y, al subir el Alto del León, pienso en esos sanatorios que existieron en la zona al ver algunos edificios abandonados que no sé identificar. En Navacerrada existió el Real Sanatorio de Guadarrama, que ahora está demolido, un edificio tan espectacular que ha inspirado novelas y en Guadarrama todavía existe, aunque en estado de abandono desde que el Ministerio de Defensa lo cerró en 2001, el Sanatorio de la Marina. Este

Sanatorio de la Marina recuerda mucho en aspecto y forma de construcción al nuestro del Monte San Isidro, aunque tiene seis plantas y es un edificio imponente junto a la carretera en la salida de Guadarrama pueblo. Un edificio que, en su abandono, ha generado todo tipo de leyendas urbanas sobre la presencia de los espíritus de quienes sufrieron en él, ruidos extraños, fenómenos difíciles de explicar según algunos, consecuencias inevitables de la presencia de inquilinos nuevos, vagabundos y también animales que reconquistan su espacio, según otros. El nuestro ha corrido mejor suerte y no ha caído en ese abandono que hubiera llenado sus paredes de pintadas y sus suelos de cera de ritos poco luminosos. De todos modos, si se pudiese oír el sufrimiento de quienes han vivido en él, como dicen que ocurre en este Sanatorio de la Marina en Guadarrama, no habría ser humano que pudiese escucharlo. No habría ningún ser humano que tuviese la capacidad para semejante hazaña.

En una revista de la época, «La Mosca» —que la editaba Félix Chamorro, pero que la debía escribir Trapiello, porque en el escrito del que te voy a hablar se ve la mano de Trapiello—, salió en un número un billete de cien pesetas en la portada con un pie que decía: «Vista la permisibilidad del gobierno ante casos como el de la colza, les regalamos cien pesetas para estas vacaciones. Recorten el billete que aparece en la portada y seguro que en algún sitio lo pueden colar». Lo de la colza fue algo brutal y yo lo viví de primera mano trabajando en el Monte San Isidro por aquella época.

La gente se moría y los bajábamos en unas camillas con ruedas de bicicleta. Tengo esa imagen de las ruedas de las camillas, porque era como de película ir con aquello por allí, unos pasillos azulejados de blanco con una luz cenital sombría en un semisótano con ventanas mínimas en la parte alta de la pared. Este hospital estaba dedicado a las enfermedades del tórax, sobre todo a enfermos de silicosis y tuberculosis. Cuando yo entré allí, había, por un lado, tuberculosos y enfermos de la mina y, por otro, los de la colza, que los metieron en una planta a todos porque al principio no sabían lo que tenían. Acuérdate de la «neumonía atípica», que decía Martín Villa. Y fue por eso por lo que nos contrataron, porque había llegado ese aluvión de personas enfermas por esa nueva enfermedad.

El hospital tenía como dos pabellones con dos plantas y, al final de cada planta había una sala muy grande en la que los enfermos iban allí a tomar el sol y a descansar después de comer, unas galerías llenas de flores. Un enfermo que estuvo allí años y años, César se llamaba, y que se quedó allí a vivir era el que se encargaba de las flores y de tener todo aquello súper chulo. El caso es que se quedó allí a vivir a pesar de haberse curado de la tuberculosis. Vivía allí lo mismo que las monjas, que vivían en la parte de arriba y que eran el alma del hospital. Dependíamos totalmente de las monjas.

Yo viví dos etapas en el Monte San Isidro. Una en la que estuve trabajando de peón de albañil ayudando a reformar los tejados. Andaba por aquellos tejados con catorce años como si tal cosa. ¡Vaya tiempos! Y otra, más adelante, en la que empecé a trabajar allí de enfermero. Bueno, de enfermero, enfermero, no, porque como resulta que yo tenía hecho un cursillo de la Cruz Roja, me cogieron para ayudar con el aluvión de enfermos que llegaron. Eso sí, a mí me dieron de alta como limpiadora. En el contrato que me hicieron ponía eso, «limpiadora». Es muy bueno porque, cuando saco mi Vida Laboral, me aparece ese tiempo que trabajé allí como tal limpiadora. Me imagino que en aquella época el empleo de limpiador no existiría, como tampoco existiría jueza o abogada. De manera que nos pusieron unas batas blancas que tenían la botonadura por la parte de atrás y eso hacía que nos las tuviéramos que abotonar unos a otros y nos dedicamos a tomar la temperatura a los enfermos y a darles a los pobres antiinflamatorios. Y también nos usaron un poco como chicos para todo, porque éramos camilleros, que lo mismo que hacíamos eso, transportábamos los cuerpos de los enfermos que morían o limpiábamos las bacinillas.

La dinámica del día era lo que era. Yo tenía diecisiete años y no me quejaba de nada, aparte de que estaba encantado de estar allí. Pero la dinámica, fíjate qué dinámica, era la siguiente: nada más llegar allí, a levantar enfermos, vaciar orinales y escupideras. Habitaciones de seis enfermos, cada enfermo medicado hasta los topes haciendo sus micciones toda la noche en el orinal, de manera que la peste que había en la habitación cuando abrías la puerta te la puedes imaginar. En dos de las paredes de la habitación estaban los lavabos. Cuatro en cada una, por lo que cada enfermo tenía su lavabo y allí se aseaban, pero si necesitaban ir al baño para otras necesidades tenían que salir al pasillo. En la habitación, orinal y lavabo. Para otros menesteres, lo dicho, los servicios comunes en los que había inodoros y duchas. También había bañeras.

Todo aquello se tiró y también yo fui testigo de aquella reforma. Se tiró todo y se hizo nuevo porque aquello era un hospital de posguerra. Era una cosa de otro tiempo. Una mezcla de balneario y hospital, ese concepto de sanatorio o casa de sanación. Había varios por el estilo en España y se emplazaban en lugares como este del Monte San Isidro fuera de las ciudades y en un entorno natural, pero con esa idea poco operativa para un hospital. Date cuenta de que había un comedor común en el que compartían la comida todos los enfermos. Eso en el concepto que tenemos hoy de hospital es absolutamente inviable.

Yo he estado sirviendo las comidas, colocando los platos de Duralex color marrón —poner la mesa es poner Duralex—, los vasos, los cubiertos y luego pasando de plato en plato sirviendo.

Ahora San Isidro ya no es así. Ahora es un hospital moderno, un hospital un poco especial todavía, lo sabemos, porque muchos de los enfermos que se encuentran ya en situaciones irreversibles en relación con su enfermedad son trasladados allí, en donde pasan sus últimos días. Sigue siendo un hospital, en cierto modo, muy pegado a la muerte. Hace poco en Radio León —hace poco es julio de dos mil veintidós, por si esto que escribimos aquí se leyera en otros tiempos— y en toda la prensa, me parece, se hablaba de la protesta del sindicato de enfermería por el hecho de que solo existiera una enfermera en el turno de noche en la planta de medicina interna del Monte San Isidro. Me quedé con la idea de que esa sola enfermera tiene que ocuparse de todas las tareas asistenciales, se supone que clínicas y de otro orden, además de las tareas administrativas que conllevan los ingresos. Y se remarcaba en la información que en este hospital la mayoría de los ingresos se producen durante la noche.

Me acordé de ti inmediatamente, te puedes imaginar. Me acordé de esa mirada tuya que se pierde en el horizonte de los recuerdos cuando hablas de tus tiempos en el Monte San Isidro. Me quedo con ganas de sentarme a hablar contigo y con el doctor Ceballos de aquellos tiempos y de cómo se ha transformado el hospital. Tengo que decirte que para mí Antonio Ceballos es otra novela, por todo lo que sé que sabe, lo que ha visto, lo que ha hecho por los demás y lo que ha hecho por sí mismo ahora que ha tenido que enfrentar enormes dificultades. Ya te lo contaré algún día. El caso es que ese hospital ha sido dirigido muchos años por un hombre muy especial, uno de esos que cuentan en la vida.

A pesar de todo, el Monte San Isidro, en ese lugar de privilegio en el que está construido, con toda esa mirada limpia sobre el valle del Bernesga, no consigue eliminar de su sombra esa inquietante presencia de la muerte.

Veo en mi imaginación las imágenes de tu relato, esas camillas con ruedas de bicicleta transportando los cuerpos de las personas ya fallecidas y me sobrecoge lo que veo. El caso es que también imagino, sin que nadie me lo haya contado, con lo que estoy seguro de que probablemente esto que veo no sea lo que ocurrió, la alarma del COVID agitando convulsa el funcionamiento normal de los servicios. Imagino la urgencia de la crisis moviendo todo de sitio y los enfermos llegando por las noches empujados por camilleros como tú envueltos en trajes galácticos y máscaras protectoras. Imagino el silencio de la noche arropando estos sigilosos movimientos de después de los aplausos de las ocho.

Cuando camino junto al Bernesga y miro hacia el hospital, endiosado en su estampa prodigiosa, en su blancura fulgurante en mitad del verde del bosque, veo todo ese sufrimiento que esconde. Me llegan al oído las lágrimas silenciosas de los familiares, de tantos familiares, que pudieron llorar la pérdida de quienes se fueron y tomar la mano o acompañar en un gesto el último aliento de quienes ya no están. El caso es que también se me quedan en la piel todos los gestos que no fueron, las lágrimas que no se lloraron, los abrazos que no llegaron. Todo ese drama de la muerte en soledad que nos trajo la pandemia, esa ausencia de la ausencia que, estoy seguro —mi imaginación así lo intuye—, día tras día se dejaron ver en los pasillos de ese hospital en el que tanto tuviste que crecer. Otros son quienes empujaron las camillas. Otros, como tú en su día, acompañaron a quienes estaban en la soledad de una enfermedad sin esperanza. Momentos de horror o de calma, eso solo lo saben quienes estuvieron atendiendo el drama que nos tocaba.

También tuve que asistir a muchas personas muriéndose. Amortajé a muchos enfermos que habían fallecido. Cuando me tocaba hacer eso me disgustaba, yo qué sé, por ejemplo, el caso de un señorín con el que yo había hablado —al final tenías una relación con ellos porque era muy gratificante hacerles caso, aunque, claro, luego me tocaba amortajarlos—, cuando me tocó hacerlo, me dije, hombre, no podemos mandar a esta persona para allá de cualquier manera. Entonces yo les peinaba, les abría la boca y les colocaba la dentadura, les ponía un rodillo debajo del cuello para que les quedara un poco rígido y les ponía una ligera sonrisa en los labios. Les sacaba un rictus amable antes de bajarlos.

Yo creo que era una cosa que me salía de dentro, de mi manera de ver la vida como un crío que todavía era. Me veía obligado a hacerlo sin que nadie me lo pidiera y te puedo decir que no me resultaba desagradable. Al contrario, me gustaba. Es como que les debía un mínimo que era eso. En realidad, eso era todo lo que podía hacer por ellos.

Hubiera podido hacer de eso un oficio y ganarme la vida de amortajador. Yo hacía eso porque me parecía que era darles su dignidad de personas. Era muy triste, porque, en algunos casos, ni siquiera venía nadie a recoger los cuerpos. También había alguno que aparecía como un buitre a ver si pillaba algo, ya sabes, un reloj, un anillo, una cadena. Cada uno es como es. A mí me gustaba dibujarles una sonrisa.

Bajé muchos, muchos muertos. Y vi también muchos suicidios. Mucha gente que se tiró por la ventana. Había mucha gente allí que no tenía familia, que nadie le hacía caso, que tenía dolores, que quería marcharse de este mundo. Yo qué sé. Lo de la colza fue terrible. Yo he visto a gente entrar al hospital tan normal y que al cabo de dos semanas estaban fatal. Pacientes de veintitantos años que se ponía fatal.

Recuerdo concretamente a una chica, que una de sus hermanas todavía me saluda cuando la veo por la calle, que la ves y tiene el mismo aspecto que las personas que han estado en un campo de concentración. Se les transformaba la cara y se convertían en esas imágenes de los judíos de los campos de concentración con los ojos hundidos en las órbitas, porque la colza se los comía y los transformaba en esos judíos con los ojos en sombra que salen en las imágenes de los campos de concentración. Y recuerdo esta chica especialmente porque se nos murió en nada, en nada. Tenía dos hijos pequeños y lloraba con amargura cada vez que me pedía que la llevara al servicio porque no podía moverse. Me decía, cómo lo siento, pero es que tengo que ir al servicio y no puedo moverme. No lo sientas, mujer, le decía yo, que para eso estoy aquí, para ayudarte en lo que necesites. ¡Un caos! ¡Lo de la colza ha sido un caos y una vergüenza nacional!

La colza me trae imágenes de «El Jueves». Ilustraciones que eran editoriales, gritos de pavor escondidos en una risotada irónica con dibujos de aquel supuesto «bicho» causante de la neumonía atípica. La verdad es que hay mucho León en la historia de España. Hay un artículo firmado por Antonio Núñez en la edición de El País del 11 de septiembre de 1981 en el que titula: «Martín Villa comió en un restaurante que empleaba aceite de colza desnaturalizado». En el cuerpo del artículo se explica que el ministro y su esposa, junto con otros treinta matrimonios, comieron el uno de mayo de ese mismo año en un restaurante de Sahagún en el que se había usado ese aceite. Parece ser que se trataba de una reunión de antiguos alumnos del colegio de los padres agustinos y que habían visitado Grajal de Campos, pero que, al no encontrar ningún restaurante en el que comer en Grajal, tuvieron que hacerlo en este de Sahagún, con tan buena fortuna que, según el entrecomillado que pone en boca del ministro unas declaraciones al respecto: «No sé si me lo han contado para tranquilizarme, pero me han asegurado que aquel día utilizaron otra marca de aceite, me parece que Elosua». No tuvieron tan buena fortuna dieciocho personas que vivían allí, entre otras, según cuenta el artículo, los dueños de la pensión en la que comieron y una niña de cinco años que falleció posteriormente, quienes sí que se vieron afectados por la intoxicación.

Jesús Sancho Rof era el ministro de Trabajo, Sanidad y Seguridad Social, un hombre cercano al propio Martín Villa. Como en todas las crisis, cuando empezaron a darse casos de personas enfermas, lo primero que hizo el gobierno fue tratar de quitarle importancia a lo que estaba sucediendo. Es famosa la afirmación, que se atribuye al ministro, aunque él siempre ha negado haberla pronunciado, según la cual, en un principio se pensó que la enfermedad era «menos grave que la gripe». También se dijo que se trataba de un problema causado por un bichito del que se conocía el nombre y el primer apellido y que solo faltaba conocer el segundo. Un bichito tan pequeño, se dijo, que, si se cayera de la mesa, se mataba.

Ese primero de mayo en el que los antiguos alumnos del colegio de los padres agustinos estaban comiendo en un restaurante de Sahagún, murió la primera víctima en Torrejón de Ardoz, aunque, como es lógico, murió por neumonía atípica, una neumonía causada por un bichito que por poco se mata si se cae de la mesa. Saber que se trató de una intoxicación alimentaria, un envenenamiento, y no de una neumonía llevó su tiempo. ¿Quién habría tenido la suerte de ver aquel virus tan mínimo de solo un apellido y de dudoso equilibrio?

Ya, ya sé que te están resonando palabras. Esa idea de una enfermedad que es algo menos que una gripe nos la han vendido hace poco y esa imagen de un bicho extraño del que conocemos su nombre también nos ha llegado. El horror de aquellos días no es comparable al de estos, supongo que es por el número de personas afectadas, pero la realidad es la misma. Yo le pongo nombre, como tú, a las personas afectadas por una y otra y, no sé si en esta crisis de dos mil veinte, pero en esa crisis sanitaria del ochenta y uno, cuyos efectos viviste de cerca en el Monte San Isidro, sí que veo una cosa clara: que la muerte es selectiva, clasista y caprichosa. La intoxicación afectó de manera desigual a las personas. Quienes se vieron afectados lo hicieron porque les habían vendido un aceite de uso industrial para uso alimentario y eso pasó, naturalmente, a personas que no consumían Elosua o Carbonell o La Giralda. He visto en algunas conversaciones de barra de bar (ya he dejado escrito que adoro esa redundancia) a personas que se permiten afirmar alegremente que quienes se intoxicaron tienen una cierta culpabilidad por aprovecharse de una circunstancia para comprar aceite más barato. Además de una soberana estupidez es, en mi opinión, una forma de justificar algo inaceptable: el mundo está hecho para los que tienen, para los que pueden. No podemos consentir opiniones como esa. El mundo es de todos y quienes no consumen AOVE en las tostadas no lo hacen porque sean menos inteligentes o más tacaños, no lo hacen sencillamente porque no pueden. Ya sé que es tan obvio que me da hasta vergüenza escribirlo, pero es que el modo en el que se culpabilizó a las víctimas de esa masacre que, de algún modo, todavía permanece impune es algo tan inaceptable como profundamente español. Tenemos esa tendencia absurda a justificar lo injustificable y quedarnos tan tranquilos diciendo que «por algo sería».

·ı|ı·ı||||ıı||ı·

No estuve mucho tiempo haciendo esto en el Monte San Isidro, pero lo suficiente para ver que la vida es una miseria y que, o te la tomas un poco tirando hacia adelante o estás fastidiado. Como seas un poco flojo de cabeza... Aquello era duro. Era duro, pero yo no lo llevaba mal. A pesar de esa dureza, para mí era un trabajo agradable, porque estabas con la gente y ayudabas en lo que podías. Me acuerdo de que, en cierta ocasión, le rompimos a uno dos costillas dándole un masaje cardíaco, pero lo sacamos adelante a puñetazo limpio y es que se nos moría, se nos ahogaba. Gracias al curso de la Cruz Roja, en el que aprendí cómo había que hacer eso lo sacamos adelante. Lo de las dos costillas fue lo de menos.

Recuerdo del hospital mucho, como una obsesión, el ruido que hacían las bombonas de oxígeno por las noches en los carritos, porque había muchos enfermos que te llamaban de noche porque se ahogaban y no había oxígeno encima de los cabeceros de las camas como hay ahora, sino que teníamos las botellas de oxígeno en unos carritos. He dicho botellas, pero eran bombonas gigantes y recuerdo el ruido por los pasillos, un clonck, clonck, clonck, clonck en mitad del silencio de la noche hasta que llegabas allí y le conectabas la mascarilla al enfermo y le decías, venga, venga, que no pasa nada, respira que no pasa nada. Coge aire, venga. Te dejo aquí la bombona, venga. Te la gradúo. No había ese sistema que hay ahora en los hospitales. Era una infraestructura muy antigua, muy de mineros, muy del rollo de la minería. Yo creo que ese era un hospital que montaron para la gente de la minería.

Yo no soy fumador, pero siempre que me encuentro con alguien que quiere dejar de fumar le cuento una anécdota de mis tiempos del hospital. Atendiendo a una extirpación de pulmón con el director, que por entonces me parece que era D. Mateo Santos, anterior a D. Antonio Ceballos, que después fue director mucho tiempo, según le acaba de quitar el pulmón al paciente, dice: ¿alguien del equipo fuma? Y yo, que estaba empezando a fumar algo, no porque me gustara, sino por la tontería, esa cosa de los diecisiete años y que todo el mundo fuma y tú quieres ser como todos, le dije que algo fumaba. Vamos a hacer una cosa, dijo. Tráiganme unos folios blancos del despacho, traedme el pulmón que acabamos de extirpar y un bisturí. Le llevamos los folios y el pulmón en una bandeja, que era un pulmón como los que ves en las carnicerías. Mirad, dijo, esto es lo que hay dentro de un pulmón de un fumador de Ducados. Hizo un corte con el bisturí —es que tengo la imagen grabada—, cogió los alveolos que se le fundían entre los dedos y los untó en los folios. ¡Esto es brea, señores! ¡Esto es lo que se queda en los pulmones de un fumador! La brea que echan en las carreteras para asfaltar. Si quieren seguir fumando, ustedes sabrán. Mano de santo. Se me quitó la tontería del fumar en un santiamén. Eso es para verlo. ¡Alquitrán puro! Los alveolos se deshacían en los dedos y soltaban esa brea. Lo del tabaco es tan criminal como lo de la colza.

Así es que no recuerdo haberte visto fumar nunca. Tampoco beber como he visto hacer a algunos pinchadiscos en más de una discoteca. Lo criminal no es exactamente el alcohol, o la colza, o el tabaco. Lo criminal es la manera en la que nos dejamos caer en las manos del negocio, lo fácil que asumimos que lo que nos gusta o lo que nos conviene es lo que nos venden. Lo criminal es el modo irreflexivo con el que empezamos el día y el negocio tan bueno que eso supone para muchos. No está en los otros lo que hay de criminal en nuestras vidas.

Había releído esta historia de los pulmones un par de veces y había pensado eliminarla por irrelevante, pero luego escribí una nota en la que me decía a mí mismo: releer y hacer una reflexión sobre lo que nos mata. Y creo que lo que es irrelevante es la reflexión.

Esas experiencias del hospital me marcaron bastante, pero para bien. No tengo traumas por trabajar en eso. En aquellos tiempos compartía el trabajo en el hospital con los turnos en la radio. Combinaba los turnos del hospital con los de Los 40. Yo iba encantado a la radio y también trabajaba los domingos por aquella época. Solo descansaba el sábado, que era el día que se hacían Los 40 Principales y estábamos en cadena todo el día. Pero los domingos estábamos otra vez en local. El turno mío era genial, porque yo entraba a las tres de la tarde y estábamos Severiano y yo solos. Luego llegaban los de deportes, pero esos estaban a su bola; nunca estaban allí porque andaban por los campos y yo era feliz el domingo. Abría la ventana, me sentaba allí, ponía mi musiquita, tal, tal, tal. Feliz.

Eran los años del Toison, con su baile vermú, que valía cincuenta pelas la entrada. Y, cuando empecé a trabajar en la radio, pues ya sabes, se te abrían las puertas y la gente te quería conocer. Menos mal que yo nunca me enredé en nada. Siempre tuve la cabeza fría para esas cosas y nunca me he complicado la vida. Pero aquellos tiempos eran así. Yo tenía la sensación de que podía con todo. Esos domingos del baile vermú, cuando terminaba la sesión, iba hasta el Crucero —no vamos a decir el porqué— y a las dos y pico volvía corriendo hasta mi casa en san Mamés, pero corriendo quiere decir literalmente corriendo, que llegaba a casa, comía y a las tres en punto estaba sentado en la radio haciendo mi turno en Los 40. Yo corría que me las pelaba. Estaba muy delgadito en aquellos tiempos y hacía atletismo en el instituto, corría carreras de fondo y se me daba bien.

El domingo era maravilloso. Llegabas allí, con aquella soledad, con la ventana abierta — a mí siempre me ha gustado que entre la vida de la calle en el micrófono, que se cuele hasta la radio por la ventana— y era un mundo entero para mí.

Esta idea de que la vida entre en la radio por la ventana es una cabezonería mía desde siempre. En la última reforma que se hizo de Radio León el arquitecto quería poner el estudio en el interior, sin ninguna ventana, sin ninguna luz del exterior. Y yo me empeñé, hablando con Enrique, en que no hicieran eso, que pusieran el estudio principal en donde está, con esos ventanales que dan a la calle. Un estudio lleno de luz y de vida. No una catacumba encerrada, por mucho que el arquitecto pensara en aislar el estudio del ruido de la calle. Yo nunca lo he visto así. La radio no puede estar aislada. No puede ser un producto de diseño desde un lugar cerrado, sino que tiene que estar abierta a la luz y a la vida. Lo que hace falta no es protegerse del ruido, sino luz para trabajar. Y en Radio

Bierzo pasó lo mismo y convencí a Enrique para que sacaran el estudio de dentro y lo pusieran en la calle y tener luz. Luz para trabajar. Me empeñé siempre en eso y los convencí en los dos casos, de lo cual me siento muy orgulloso, porque creo que quienes trabajan en Radio Bierzo y Radio León hoy, de alguna manera, lo hacen en mejores condiciones gracias a esa terquedad mía, ese empeño en conseguir la luz.

Enrique me hacía mucho caso. Era una persona que te escuchaba y que te entendía cuando le hablabas. Es verdad que era el jefe, que mandaba mucho, pero sabía mandar y sabía atender a quienes mandaba. Era un hombre que sentía mucho la radio. Siempre estaba escuchándola. Le gustaba mucho. Le gustaba tener la radio equipada con los mejores medios técnicos. Cuando yo entré a trabajar, Radio León era la primera emisora que tenía ya reproductores de cartucho para la publicidad, que no los tenían en ningún sitio. Y eso era porque Enrique se preocupaba por estar a la última en los avances técnicos. Bueno, y Severiano y yo que siempre andábamos enredando y, más adelante, Kalo, que era capaz de hacer realidad cualquier cosa que te imaginaras.

Con Seve pusimos un sistema para hacer que los Revox se pusieran en marcha solos y que saltaran los jingles locales a la misma hora sin necesidad de que hubiera nadie en el estudio, dado que no había programación local. El sistema que se me había ocurrido lo presenté en Madrid en una convención y, cuando lo expliqué, lo adoptó la cadena para hacer esas desconexiones. Y lo llegaron a hacer. Y lo llegaron a tener en antena, pero ¿qué pasó? —aparte de que se apropiaran la idea como si fuese suya y no le dieran ninguna importancia a que a un tío de provincias se le ocurriera cómo resolver de forma

64

sencilla ese problema que compartían todas las emisoras de la cadena—. Pues pasó que llegó la informática y todo aquel artilugio que se me había ocurrido a mí basado en las señales de los contestadores telefónicos se sustituyó instantáneamente por una solución digital.

Se acabó y no se volvió a hablar más de ello. Con el paso de los años, cuando estábamos montando Localia, en realidad cuando teníamos Localia ya montada, vino el ingeniero jefe de la SER y estábamos enseñándole Localia Enrique y yo y le dijo a Enrique: «Hombre, Enrique, estarás orgulloso, tienes aquí a la persona que diseñó el primer sistema de automatización en la radiodifusión española». Se lo dijo así.

Era un sistema basado en los contestadores automáticos. Con el mismo sistema que utilizaba el aparato que se usaba para llamar por teléfono a tu contestador y recibir los mensajes a distancia, se activaba un código que seguramente habrás oído alguna vez en la radio, porque era un código de tonos que se escuchaba en la emisión y que hacía que en todas las emisoras locales se desconectase con un relé la emisión en cadena y entrasen los jingles locales para después volver a la emisión en cadena. ¿Qué pasaba? Que todo el mundo debía tener los bloques de anuncios con la misma medida.

Después de que tuvieran esto en antena, que lo tuvieron un tiempo funcionando y luego desapareció, durante muchos años, a raíz de esta idea mía, siempre me llamaban el ingeniero o el jefe técnico Ruano para cosas de este estilo. Todos los ajustes que se hicieron a nivel informático hasta que se logró que toda la cadena hiciese las desconexiones sin fallos se hicieron contando con la opinión de nuestra emisora. Radio León siempre ha sido un referente en los avances técnicos de la cadena.

Me llamaba Ruano y me decía, oye, que voy a probar una cosa, compruébame si funciona, dime qué hacemos, lo charlábamos, lo ajustábamos juntos. Son esas cosas a las que yo nunca le he dado ninguna importancia y que a lo mejor en la dirección de Radio León no tienen ni idea de que yo las hacía, porque Ruano me llamaba a mí y no le decíamos nada a nadie, porque no hacía falta y porque de lo que se trataba era de conseguir que la radio funcionara mejor. Creo que ese ha sido un error en mi trayectoria profesional: no hacer alarde de lo que hacía más allá de mis obligaciones estrictas. Las hacía sencillamente porque sí y nunca hice pasillos ni anduve llamando a los despachos. Pero, sí. Yo en la radio he hecho mucho revoltijo a nivel técnico. Me gustaba mucho y tenía el apoyo de Enrique, que, como he dicho, siempre le gustó tener los mejores medios, estar al día en todos los avances.

Es difícil saber qué hubiera sido si hubiéramos sido otros, si hubieras hecho lo que hacías desde el interés personal, con la idea de ascender en tu carrera profesional, en lugar de dejarte ir en el día a día con la confianza de que el hecho de hacer lo que te apetece hacer ya es bastante premio. Es difícil saber qué hubiera ocurrido, pero sobre todo es inútil y absurdo. La felicidad, se lo escuchaba decir a Arsuaga o a Millás hace poco en una entrevista de promoción de alguno de sus libros, cuando se mira hacia atrás en el momento en el que uno ve venir la muerte, no se mide por el dinero que uno tiene o por el poder o la fama que ha adquirido. Uno no pregunta en su último aliento cuánto queda en la cuenta corriente o si las acciones de Arcelor cotizan al alza o si hay un número de seis cifras en los «me gusta» del último post del Instagram. Uno mira lo que ha compartido.

En eso creo que hemos cometido un grave error porque no hemos trabajado buscando la aprobación de nadie o escalar profesionalmente por encima de otros. Es verdad que hemos sido generosos en nuestro trabajo, y digo «hemos» porque me parece que en esto estoy contigo en el mismo error. Es verdad que lo hemos hecho así, pero también es verdad que hemos dedicado demasiado a ese trabajo. No hemos sabido salirnos de eso que tanto nos gustaba y, de algún modo, hemos dejado pasar de largo la felicidad. No vale decir que hemos sido felices, más allá del reconocimiento que hayamos podido obtener, haciendo nuestro trabajo, porque esa felicidad es una felicidad narcisista, una felicidad que es puro onanismo. No nos ha importado nada. Ni que nos paguen más, ni que nos asciendan, ni buscar un mayor reconocimiento social y eso, a simple vista, parece un acto de generosidad y un ejemplo de lo que es correcto. Pudiera ser. Pero el error, el tremendo error que nos dibuja como esa figura triste que acaso seamos, es que lo hemos hecho con dedicación plena, en cuerpo y alma, a tiempo completo, con abandono temerario de los verdaderos aspectos importantes de la vida, lo afectivo, lo emocional, lo que cuenta.

Lo has dado todo por un trabajo que te apasiona y no has pedido nada a cambio. Y te has dejado ir la vida en el empeño. Error imperdonable.

Creo que era Arsuaga quien hablaba de un estudio de una profesora americana especialista en neurociencia que había entrevistado a personas en sus últimos momentos de vida y la mayoría de ellos hablaban de que echaban de menos haber estado más tiempo con sus hijos cuando eran pequeños. Ahí es sin duda donde está la felicidad. Ahora lo veo claro. Pero, no sé si te pasa a ti, a mí desde luego que me pasa, me doy cuenta de que he puesto toda mi vida fuera, todo mi tiempo en hacer las cosas que debía hacer y que se convirtieron en las cosas que me gustaban, pero que son cosas para otros, cosas para los otros, cuando el verdadero amor, el verdadero compartir, lo que de verdad cuenta cuando miras para atrás, según parece, es el tiempo que has estado en presente con los tuyos, con lo que te es cercano, con lo que te afirma como especie: tu descendencia.

Igual es una tontería, pero a uno le queda la sensación de haber hecho todo para nada. Sé que a ti también te pasa.

Pero volvemos al Hospital Monte San Isidro y a los comienzos en la radio y lo que recuerdo. Una de las cosas más chulas que recuerdo, era que, en primavera, a una hora en la que la ciudad descansaba, por ejemplo, después de comer —hubo un tiempo en el que León se paraba después de comer; a la hora de la comida había un parón ahí desde las tres hasta las cuatro de la tarde— salías a la calle y se oía la radio, la misma radio en todas las casas, nuestra radio, la radio que yo hacía.

Eso a mí me parecía fascinante, pero, claro, llegaban los EGMs y cincuenta mil, sesenta mil oyentes. Era una maravilla. ¡En una ciudad de cien mil habitantes! ¡Mi radio sonando en todas las ventanas!

CAPÍTULO V.
LA CAZADORA.

Es muy posible que ya no te acuerdes, porque los años van pasando y las cosas que decimos pierden el sentido, pero una tarde, yo creo que era una tarde de abril, tuvimos esta conversación que debería servir para desarrollar un capítulo de esta historia, pero que quizá valga la pena que quede así:

—La adolescencia, sí, te podría contar cosas muy graciosas de la adolescencia. Mira, por ejemplo, siempre soñé con tener un pantalón como el de John Travolta, pero no pude comprarlo nunca.

—¿Pero, como el pantalón que saca en Grease o con las lentejuelas y eso, el blanco, el de Fiebre del Sábado Noche, ya sabes, Tony Manero, el rey de las pistas de baile?

—El de cuero negro, por supuesto. No el otro. Pero no hubo forma, no. Luego, una pena, la verdad. A recoger cartones para poder comprar tabaco y cosas de ese tipo, que ya sabes que por aquel entonces todavía no había visto el pulmón que me enseñó el cirujano en el Monte San Isidro y tonteaba con el tabaco como todos los críos del barrio. Vivíamos una vida que no tiene nada que ver con la vida que viven los adolescentes ahora. Me acuerdo de que mi madre me compró una bicicleta de segunda mano, que me sirvió para que me echaran de un sitio. Ahora te cuento.

Me había conseguido meter en un piso de beneficencia, para que me dieran de comer y estudiar. Yo estuve en un piso interno de lunes a viernes en León, en el propio León, cerca de donde vivía.

Justo se murió Franco, y estaba yo en el piso.

Lo recuerdo perfectamente. Estábamos en aquel piso y nos sentíamos protegidos y, cuando nos enteramos de que se había muerto Franco, empezamos a pensar que íbamos a morir todos de inanición. Tenía ya doce años.

Yo vivía en ese piso de acogida. Me daban de comer y tal, ninguna queja. Luego íbamos al colegio. Mi madre me consiguió meter allí, porque ya sabes todo lo que nos había pasado y necesitaba esa ayuda y nos venía muy bien, pero, con algo de dinero que consiguió, me compró una bicicleta de segunda mano. No te puedes imaginar, en aquellos años y en nuestras circunstancias. Aquello era casi un lujo y claro, fue comprar la bicicleta y la llamaron y me echaron, porque no podía tener una bicicleta. No me dieron más años en el piso, porque me compré una bicicleta de segunda mano y se supone que, si tenía para comprar una bicicleta, tenía para mantenerme y no hacía falta que estuviera allí.

—Una lógica un poco dura, ¿no?

—Es lo que había. La bicicleta se la compró a un vecino. Y yo con la bici era el campeón número uno, todo el día poniéndole frenos, sillín largo y manillares y lo que fuera. Y en el momento en el que se me ocurrió chulearme y contarles a los compañeros que me había comprado una bicicleta, me echaron. Es como si fuese una deshonra para el sitio. Uno tenía que ser pobre de verdad para estar en un sitio así y tener una bicicleta ya no era ser pobre.

—Ser pobre de solemnidad. Hay una ley de educación que recogía el derecho a tener beca y enseñanza gratuita si se podía acreditar ser pobre de solemnidad, pero no podía ser pobre cualquiera. Para ser pobre de solemnidad había que tener un papel del Ayuntamiento.

—Me pasé todo un mes preparando la bicicleta para poder hacer caballitos con ella y bajar al centro, a una sala de juegos que se llamaba «El Picos», enfrente de la comisaría. «El Picos» se llamaba así porque era el edificio este que hicieron los Muñiz. Ya sabes, la familia de Pepe, diseñado por Alberto Muñiz, que ya sabes que es arquitecto. Hicieron muchos edificios en aquella época, ganarían mucho dinero con la construcción, pero tío Alberto la mayoría lo derivó para la Ciudad de los Muchachos.

Esta es mi vida. Ya tengo la bici toda preparada —me ha costado un disgusto, que me han echado del piso en el que estaba y que buena mano le echaba a la economía de la casa, pero como eso ya no tiene remedio yo sigo con lo mío— y, según enchufo por la cuesta de San Isidoro, al llegar a Santo Domingo, cojo la bici para arriba, hago un caballito y —tras, tras, tras—, cuando llevo tres pedaleos se me parte la bici justo por la mitad —clac— y tengo que volver al barrio con los dos trozos de la bicicleta en la mano.

Llevaba unas melenas y una pinta que no veas. Recuerdo que tenía una cazadora de imitación de cuero ya muy usada y que se me pelaban los brazos, pero, como no tenía para otra, pues le pelé los dos brazos enteros. Terminaron los brazos con tela, y la cazadora…, pues eso, generando moda.

Pagábamos por el piso mil ochocientas pesetas de alquiler, un piso pequeñín que teníamos ahí, en la Avenida Nocedo.

Mi madre iba al banco a las seis de la mañana, al Banesto, a fregar. Que la mayoría de las mañanas iba yo con ella, porque la ayudaba a recoger las papeleras y cogía sellos. A mí me encantaban los sellos. Todas las cartas que tiraban los del banco, cuando recogía las papeleras yo las cortaba, las ponía en agua y les sacaba los sellos. Tenía una colección de sellos fantástica.

Una vez me encontré un gato que acababa de nacer y me lo llevé a casa.

Era el tipo de cosas que pasaban en ese tiempo. Luego marchaba al colegio, y mi madre se iba a estudiar, porque quería hacer algo como fuera, quería salir del tipo de vida que llevábamos. Primero estuvo estudiando en nocturno en la Fundación Sierra Pambley y luego en la Cruz Roja un curso de auxiliar de enfermería y, para ganar un poco de pasta, porque con lo de fregar no ganaba nada, se puso a hacer cazadoras.

Yo por las tardes, cuando salía del colegio, cogía un carrito de la compra y me iba hasta cerca del cuartel de la Guardia Civil, que es donde estaba el tío que traía los trozos de las cazadoras, y yo recogía las piezas sin coser y se las llevaba a mi madre que las hacía enteras con una máquina de coser. Ponía el trozo de dentro, el aislante y la pieza de fuera y las mangas. Luego la parte de delante y la de detrás. Lo ponía todo junto y le cosía la cremallera. Unas cazadoras muy chulas que yo nunca tuve. Yo ayudaba a mi madre todo lo que podía, como debe de ser.

Luego, fíjate, si es que andábamos a la cuarta pregunta, aunque mi madre siempre se buscó muy bien la vida. Siempre hay algo que aprender de ella. Bueno, algo he aprendido, que yo también me la he buscado bien. Alquiló, fíjate que éramos tres en casa, un piso pequeño, pues una habitación se la alquiló a una chica durante un par de años, que vino a estudiar a León, y la teníamos ahí medio pensionista en casa.

Era una manera de ajustarse a lo que había y tratar de sobrevivir. Me acuerdo de ir al colegio en pleno invierno con una americana que me regaló mi tío, pero una americana suya que él ya no se ponía y una bufanda. Y me decía mi tía: venga hijo, que vas bien. Que vas bien, me decía mi tía Delia. ¡Vaya tela! Pero ¿sabes qué? Ande yo caliente y ríase la gente. Con mi hermano a rastras todo el día agarrado de la mano, para los Maristas Champagnat.

Luego nada, porque ya empecé a ir al instituto. Estudié en los Maristas Champagnat parte de mi EGB. Mi historia de estudiante es muy mala, pero curiosa, porque mi padre trabajaba en una empresa de conductor, creo que ya te he dicho que se llamaba Auxiliar de Obras, una empresa que tenía la sede en Alcalá de Henares y fuimos a vivir allí, aunque, sí, todo esto ya te lo he contado. Mi vida hubiese sido totalmente distinta. La recuerdo perfectamente de crío. Ahora si voy a Alcalá la recorro como si hubiera vivido allí toda la vida. Nos movimos mucho, porque mi padre andaba con motoniveladoras, hormigoneras, Carterpillar, cosas grandes. Le decían, hacen falta puentes en Barcelona, Mures, tienes que ir allí con la hormigonera seis meses. Mi madre con el 600 detrás, mi padre con la hormigonera y el niño con los libros bajo el brazo a otra escuela distinta. Tengo mis cursos hechos a trozos, hasta que llegué a los Maristas, justo. Sexto, séptimo y octavo los hice en los Maristas Champagnat. Llegué con once años, justo cuando se murió mi padre.

Cuando terminé la EGB, mi madre se empeñó en que tenía que seguir con los Maristas y, haciendo un esfuerzo sobrehumano, me apuntó a los Maristas San José, que era de pago y costaba una pasta. Llego el primer año con la melena, la cazadora de cuero toda forroñosa — que yo era un santo, a pesar del aspecto que tenía, que no era lo que parecía, pero la pinta la tenía, tengo que reconocer que la tenía— con el entrecejo salvaje y la melena. Mi madre me peinaba la melena como a una señora. Tenía una pinta de heavy barato que daba miedo y llego allí el primer día de clase y todo el mundo con el Loden verde de niño pera. Y dice la de Inglés: hola, todos los que han estado este verano en Inglaterra que levanten la mano.

Todos menos yo, y otros dos o tres. Y dice la profesora, que sepáis que vais a ser mis aliados durante todo el curso. Digo, me he metido en un sitio raro. Me amargaron la existencia muchos sin hacer nada, me pedían las tareas, me enviaban para casa, yo qué sé. Solo me quedaron dos, pero no se podía pasar con dos en los Maristas, no te dejaban pasar de curso, era solo con una. En cambio, en el Ordoño II sí que se podía pasar con dos. Mi madre me dijo que repitiera curso, que me quedara en el colegio, pero yo hice lo que me dio la gana. Me matriculé en el Ordoño II y en un año justo ya era delegado de todos los cursos y dueño del instituto.

La verdad es que tuve muchísima suerte, porque caí en una clase divertidísima. Qué bien me lo pasé en el Ordoño II. Me lo pasaba pipa en el instituto, en clase, en el patio, donde fuera, para mí era la panacea ir a clase, lo máximo.

—Pero te pusiste a currar antes de terminar el BUP.

—Tuve el lío con el tema este de Física y Química. Después de pasar segundo de BUP hice tercero y me quedó Física y Química. ¿Con que años acabé tercero? ¿Con diecisiete? De segundo a tercero yo era delegado de mi curso, pero también el representante de la Junta de Delegados y el primer día de curso entré en clase y necesitaba hablar con la directora, que tenía muy buena relación con ella. Que, por cierto, me la he encontrado ahora dando catequesis a mi hijo para la comunión, y sigue igual. No sé si es que yo he envejecido mucho o es que ella ha hecho un trato o lo que sea, pero está magnífica. El caso es que pido permiso para salir de clase y me voy a la sala de profesores y digo al profesor que está allí: ¿Pilar, por favor? Y se me acerca un tío muy estirado y me dice: ¿por quién pregunta? Y le digo, por Pilar, la directora. Y dice él, será doña Pilar.

Yo tenía que hablar con ella de alguna chorrada de las de principio de curso que había que organizar, porque ella se juntaba con nosotros para todo, con los delegados de curso. Y yo era el delegado de todos los delegados, así es que, nada, me di la vuelta y me fui para mi clase.

Al rato llega nuestro profesor y resulta que el pavo ese que me había corregido en la sala de profesores era mi tutor y, según entra en clase, lo primero que dice es: siéntense, silencio, ya veo que me ha tocado una clase donde hay gente muy maleducada.

¡Ay, amigo mío, dije! ¿Dónde me meto? Encima es el de Física y Química, con lo mal que la llevo siempre. Yo callado. Y dice: que sepáis que yo he estudiado para que me traten de usted. Después de decir eso se le ocurrió pasar lista y como éramos una clase de cachondos que ya veníamos de antaño y no lo conocíamos de nada, empezamos: yo soy don Javier no sé qué, yo don José Luis tal. Lo cogió de mal el hombre y cuando acabó de pasar lista y acabó la primera clase dice, ven, ven un segundito, que te voy a comentar una cosa. Se acerca y me dice: que sepas que conmigo no aprobarás nunca la asignatura, aunque saques diez. Primer día de clase, y nuestra relación fue muy tensa durante años, una relación complicada, porque entre otras cosas hice un intento de entregarle un examen de diez y me lo suspendió igual, y te aseguro que estaba de diez.

—¿Y por qué sabes que estaba de diez?

—Tenía la hoja de la multicopista. Hacía los exámenes en la multicopista y yo lo vi en el tambor y cogí la copia que dejó. Así es que me dije, esta es la nuestra. Yo le di un cambiazo completo y me puso un 4,5. Tuve que terminar en el INBAD.

Pero no te lo pierdas, que en el INBAD era él quien me daba Física y Química. Llego allí y me dice: ¿tú? Y le digo: ¿usted? Y dice: ¿qué haces aquí? Pues intentar aprobar, que la tengo que sacar. Él tenía la obligación de atender al alumnado unas horas, pero no iba nunca ningún alumno, nadie iba nunca. Cuando me enteré, me prometí no faltar ni una hora y eso hice. Me daba clases particulares todo el año, y aun así me volvió a suspender. Al año siguiente me presenté otra vez y ya no estaba él. Estaba Leonardo, que era un encanto de paisano, muy majo. Yo ya era muy conocido en la radio por entonces. Los chavales que iban conmigo a examinarse me daban las respuestas en los exámenes. Una historia truculenta en el mundo de la educación.

El resto muy bien, tuve compañeros de fatigas buenísimos como Antonio Benavides, el dibujante, cantidad de gente de esa época que está por ahí haciendo cosas de letras, de ciencias... gente muy interesante. Me lo pasé muy bien en el instituto, salvo por ese profesor que me arruinó la existencia, pero ya está. Al final, resuelto.

Después, fíjate, hubo una cosa que me dijo Enrique en el sentido de que iban a convalidar la carrera de periodismo. No exactamente convalidar la carrera, pero algo así, en el sentido de que se podía obtener el carné profesional sin haber estudiado Ciencias de la Información. «Podía usted mirar a ver si lo pedía», me dijo don Enrique. Pues claro que lo voy a pedir. Empecé a recopilar un certificado al director de «La Crónica», Enrique me hizo otro, un currículo de todas las cosas que había hecho, en fin, que presenté la documentación.

—¿Te trataba de usted, Enrique?

—Enrique siempre trataba de usted a la gente. Presenté un informe para ver si me daban ese carné de periodista, ya llevaba unos cuantos años yo en la radio. No me lo admitían, no sé por qué. Quizá porque al secretario de la Asociación de la Prensa de aquí de León no le caía yo muy bien y decía que no, pero lo miré bien, presenté otra vez toda la documentación y me dieron un carné en el que pone que soy periodista sin haberlo estudiado. Nunca en mi vida se lo he contado a nadie. En la radio no lo sabe nadie, que soy periodista de carné. De hecho, lo tengo aquí metido. Soy periodista por la gracia de la Federación de Profesionales de Radio Televisión. El otro día lo metí aquí, me hice una copia y lo metí aquí con las tarjetas. Parece algo, ¿a que sí? Con la bandera de España y todo.

Soy periodista de chicha-la-mui.

—Pero no tiene registro oficial, con esto te han estafado tío.

—Tengo un numero de registro, que sí, que está aquí detrás, con el número de registro oficial.

—Mira aquí, aquí lo pone. Número 10557.

—Ya, pero, mira debajo, donde pone ahí número de registro no pone nada. Ese número que tú dices es un número de carné cualquiera, pero lo que no tiene es un registro oficial. Te han estafado toda la vida y tú sin enterarte.

—Que me da igual, que esto no lo he utilizado en la vida. Esto es una fotocopia que he hecho yo y viene con otro carné, que es más aparatoso. Hay otro que venía con este. Si lo pones con una chapa aquí de Mahou, te vas a los partidos y con este carné y la chapa de Mahou y te dejan entrar a todos los sitios.

—Mira, si pone en Inglés «to whom it may concern». A quien pueda interesar…

—¡Vaya, qué lío! Esto es lo que hay, soy un fraude desde que nací. Un completo fraude soy.

Labor de periodista he hecho muchos años, pero que muchos. Pero nunca estudié periodismo. Ni tampoco me vale. Tampoco te voy a hacer una lista de los que son periodistas y los que no lo son en la radio. Óscar seguro que es periodista, y Pablo también. Pablo está estudiando ahora Derecho, tiene que tener la carrera muy avanzada. ¡Hay gente muy preparada, amigo! Pero, nada, lo que es yo, eso es lo que soy, un fraude, tío, pero no me importa, lo digo con mucha honra. Lo digo con mucha honra.

—Es muy fuerte, porque empezaste a currar muy joven.

—Empecé a currar con 14 años en el hospital. En el primer verano de los 14 estoy dado de alta en una obra que estaban haciendo, unos tejados en el hospital Monte San Isidro. Estuve currando tiempo, un verano entero largo, casi empezando el curso y yo seguía trabajando allí. Y después, al año siguiente, también. Luego trabajé de enfermero. Cuando la colza, mi madre me dijo que cogían gente allí. ¿Por qué no te apuntas, con lo del curso de la Cruz Roja? Me cogieron. Estaba dado de alta como limpiadora. Tengo además las nóminas guardadas. Con el carné de limpiadora y el de periodista se puede hacer una carrera profesional. Empecé a combinar lo de la radio, con el trabajo en el hospital, pura chiripa. Hoy en día todo esto es impensable, tocó ahí una generación de buscavidas de narices. Esto es lo que hay, soy un fraude, que no me merezco nada.

—Que seas un fraude está bien. Todos somos en muchos sentidos un fraude.

—He puesto en mi colección de fotos una que me define muy bien, te la voy a enseñar. Yo voy de cara. DJ de mierda. Me lo regaló Manolo Quijano. Yo le puse cantante de mierda, le regalé otra igual, pero él no la luce y yo sí. DJ de mierda. ¿Has visto qué pinta tengo?

—¿Y por qué la tirita?

—La tirita me la puso Pancho, para que estés así como herido, me dijo. La foto está hecha en la radio, en la entrada. Hay una niña allí con un micrófono, en el estudio grande. Tiene nueve años esa foto, ¿eh?, nueve años. Parece que fue ayer. DJ de mierda, lo que soy. Está claro. Somos un fraude todos, yo creo, bueno, pues por eso. No sé si es un titular o no, pero yo qué sé. La camiseta la sigo usando, que tiene nueve años, y este cortavientos lo sigo teniendo y lo sigo poniendo. Está ahí, en las últimas ya.

Es lo que hay, compañero. Un fraude. De la cazadora al cortavientos. La vida en un segundo. Mira lo que me manda Saúl de La Crónica. Esta foto me la hizo recién salido del hospital, para una exposición. El otro día le dije, oye, mira, ¿cuándo vas a acabar la exposición para que me mandes la foto? De esto hace cinco años y me la manda ahora. Siempre me he llevado muy bien con la gente de los medios en general, con todo el mundo. Siempre hemos colaborado. O a mí me lo ha parecido. Habrá gente a la que no le haya caído bien, pero siempre me he llevado muy bien con todo el mundo, creo. Siempre hemos hecho cositas y tal. Creo yo, o me lo ha parecido.

Te puedo contar la sudada más grande que he pasado yo en la radio, que no me salía nada bien. Julián Navarro hacía un programa que se llamaba la Quiniela de los Entendidos, con quince bares patrocinadores. El programa consistía en llamar a cada bar los domingos y preguntar cuál podía ser el resultado de la quiniela siguiente y luego contrastar con los resultados de la quiniela de la semana anterior. Julián que andaba por ahí vendiendo publicidad se compró una moto y nada más estrenarla lo pilló un camión y casi lo mata. Estuvo ingresado en el hospital mucho tiempo.

Y, claro, había un problema para hacer ese espacio que hacía Julián. Lo dijo Enrique y me preguntó si quería hacer yo lo de la Quiniela de los Entendidos. Yo me apuntaba a todo lo que había. Era los domingos por la noche. Control para meter cuatro llamadas en antena, lo hago yo solo, dije.

Ni una llamada, no era capaz. Había que dar las siete llaves a la vez y yo pensaba que lo sabía hacer, pero era incapaz. Imagínate la situación, con el programa en el aire y sin poder hacer que entrasen las llamadas. Yo ya no sabía qué hacer ni qué decir. Llegó Severiano, que vivía allí cerca. Al cuarto de hora de empezar el programa, me encontró en un charco de sudor y lágrimas, intentando meter la dirección de las llamadas y con los micrófonos abiertos en antena: parece que tenemos algún problema. Un caos, macho. Pobre Seve. No me entraba nada. Un caos.

Yo me apuntaba a todo. ¿Que había que hablar de fútbol? Pues de fútbol. Te informas un poco y hablado de una cosa, hablado de todas. De aquella era una época que estaba muy potente el Elosua, estaba muy potente el fútbol y el balonmano un poco más flojo, pero en plena efervescencia ya, que el balonmano también ha sido muy importante. El baloncesto era una locura.

Pero esos eran otros tiempos. No lo sé. Ahora igual me apetecía hacer cosas sencillas. Estar tranquilo. No sé. Algo al margen de la radio y de la publicidad y ese mundo de locos que tanto me ha gustado. Me gusta hacer mis reportajes, mis entrevistas, pero las hago en mi canal MuresTV y con eso estoy feliz. A veces pienso en las cosas que he hecho. Cosas que me gustan. Por ejemplo, mi relación con Manolo y los hermanos…

—Ese quizá sea otro capítulo, el de los Quijano.

—Tanto como capítulo, yo qué sé. Supongo que sí. La Lola. Se llama Lola. Era director Luis Merino y me lo encuentro en el ascensor de Radio Madrid. Vengo más contento, le digo, porque acabo de conseguir un contrato de cinco discos a unos amigos y me ha hecho una ilusión enorme. No sabes el favor que les has hecho, dijo.

Su carrera ha ido muy bien, lo que tenían era bueno. El otro día, hablando con Manolo, que estuve con él y estaba haciendo canciones nuevas, le dije: no hay ahora mismo ningún grupo que tenga el sonido que teníais vosotros estandarizado, el sonido Quijano, es un sonido que habéis creado con el paso del tiempo y tenéis que seguir explotándolo. Ni modernizarse, ni reguetón, ni rap, tenéis que seguir haciendo canciones de Café Quijano.

¡Qué grande! ¡Qué risa con él! Ahí sigue, ahí estaba haciendo canciones como un loco en casa, tiene un estudio muy bien montado. Un sitio un poco más grande que esto, y ha montado allí el estudio, una batería, instrumentos, todo lo que se necesita. De hecho, Manolo está grabando allí con sus hermanos Óscar y Raúl todas las canciones. Así dicho parece fácil, pero yo no lo veo tan fácil, me parece dificilísimo hacer canciones. No sé si será un método de abc y una vez que te pones... No tiene nada que ver, nada de nada. Hacen unas canciones muy potentes.

—Siempre que pienso en Café Quijano, me acuerdo de Ángel Fernández, que sufrió aquel terrible accidente de tráfico cuando volvía de Madrid de la presentación de aquella película de Torrente en la que los Quijano salían cantando un bolero fantástico.

—Ahí seguirá en su casa, atado en una silla y dándole de comer con una cuchara torcida. A veces veo a Arancha, su mujer, y le pregunto. Ya sabes que Ángel va todos los días al Centro de Referencia Estatal de San Andrés. Es la vida que tiene, no tiene otra. Bueno, pues nada, es lo que hay. ¿Qué haces? ¿Marchas para allá? ¿O qué haces ahora? ¿Adónde vas ahora?

—A casa, a preparar clases.

—Me marcharé contigo. Toma el móvil, no lo dejes ahí. Estoy fatal.

CAPÍTULO VI.
¿QUÉ ME CUENTAS HOY?

El otro día estuve grabando una cosa muy graciosa, porque, ya lo sabes, yo siempre estoy inventando cosas en la radio todavía. Y eso que te digo que estuve grabando es que me encontré con un invento mío de hace muchos años y lo recuperé. Verás, durante una temporada estuve maquinando cómo hacer algo que se pudiera dar a la gente al final del año con el resumen de todo el año informativo, como un regalo.

Se me ocurrió la idea de hacer un anuario informativo, como los que hacen los periódicos, solo que, como lo nuestro es la radio, tenía que ser algo que se pudiera oír y todavía no se habían inventado los CD, ni las memorias USB, ni existía la nube, con lo que estuve dándole vueltas al tema y se me ocurrió que se podía meter un año entero en tres cintas de casete. Durante todo el año íbamos guardando cortes de las noticias en un Revox y a final del año nos juntábamos Joaquín Nieves, que era el que estaba entonces en los informativos —Joaquín Nieves hijo, que fue luego presentador de Hora 25, hijo, no padre—, Severiano y yo. Era muy gracioso y quedaba muy bien. Lo sacaré en Facebook, que estuve con ello ayer. La cosa era muy simple. Se trataba de una cajita de madera que me hacían en Ezpeleta. Yo llegaba allí y le decía, córtame mil de estas, y me cortaban las tablas y yo luego las montaba una a una con una base con tres cintas pegadas con celo para hacer las cajas.

¿Cómo te quedas? La verdad es que hay que verlo. Quedaba muy bonito. Hice un sello que ponía «Anuario Informativo Cadena Ser Radio León». Le ponía el sello por los dos lados, metía las tres cintas dentro y le ponía una tapa y lo lacraba. Con una cuerdecita mona lo ataba y le ponía lacre. Se lo daba a la Diputación, a la Alcaldía, esas cosas. Estuvimos unos cuantos años haciéndolo.

Ahí están las fotos. Del año 89. Dentro iba una carátula que se abría con una lista de las noticias de cada mes, y en cada cinta iban cuatro meses, cuatro por tres, doce. Fácil, económico y sencillo a la par que imponente.

Parece una tontería, pero ahí está el archivo de tantas y tantas cosas. De muchos de los proyectos realmente curiosos que he llevado a cabo durante tantos años, este es uno de los que me ha hecho más ilusión recordar ahora mismo. El anuario informativo. El diseño era sencillo, pero el resultado era imponente.

Y me enseñabas el vídeo en el que explicabas todo el mecanismo del anuario con un orgullo infantil, un orgullo de inventor ingenuo, de auténtico creador. Me contabas que hasta hiciste un depósito legal para que quedara perfectamente registrada la edición, que te fuiste a Cascabel y que sacaste el depósito y cuentas en el vídeo con ese orgullo tan tuyo —ese orgullo Mures que quizá deberías proteger con copyright— todo el proceso que me acababas de contar a mí y enseñas la belleza de tu obra, como tantas veces has hecho con la obra de los otros.

Hicimos también un sistema —yo es que estaba como muy obsesionado con inventar telares— que permitía, antes de la digitalización, programar los anuncios. Hicimos un aparato para arrancar los Revox a una hora con un reloj y con un relé. Y la verdad es que Severiano siempre me hacía caso. En eso he tenido muy buena suerte. El técnico, al final, es el que resuelve: tú planteas y el técnico es el que resuelve y la verdad es que Severiano inventó cosas muy curiosas. Hacíamos una caja que arrancaba los Revox a una hora y se ponían en marcha. Me sentía muy bien con ese tipo de cosa que hacíamos.

El otro día, a raíz de lo del Genarín, que me pidieron que les grabara el audio, que la verdad es que quedó muy bien — bueno, las voces de ellos muy mal, pero el audio que yo mandé muy bien, claro: está bien modulado y grabado y no tiene nada que ver con lo de ellos. Imagínate grabar a Ponga por en medio de la catedral; no se entiende nada de lo que habla, pero lo otro quedó bastante bien. Duró una hora de reloj el invento—. Bueno, pues, a raíz de eso, salió el tema de la obra de teatro de Genarín.

Fíjate lo que son las cosas y las vueltas que da el mundo. Me llama al día siguiente Uriarte y me dice que ha estado viendo esto del Genarín y me dice, ¿tú sabes quién fue a hablar con el Delegado de Gobierno para ver si nos dejaban hacer lo de Genarín? Fui yo, fui yo. Con Pérez Herrero, y luego Pérez Herrero se enfadó con este otro porque le quitó la obra, porque sacó un libro… y ya empezó a contarme esto y aquello y, bueno, las truculencias de las cosas, ¿sabes?

Esto es como si ahora yo me pongo con lo de los letreros —ya sabes que he empezado una campaña para recoger los letreros luminosos que se están retirando, para que no se pierda toda esa historia que en el fondo es lo que hay en los luminosos de los negocios que se van cerrando, historia pura— y viene otro a echar una mano y yo me caliento y los dejo tirados porque siento que me quita protagonismo, que es mi idea. Y Uriarte me estuvo contando cosas de aquel tiempo.

Eran tiempos en los que yo hacía todo lo que se me ocurría y en eso es verdad que he tenido mucha suerte. Todo lo que se me ocurría lo hacía y jamás me dijeron nada, porque nunca en mi vida Enrique me dijo nada, nunca jamás me dijo que no le gustara algo de lo que hacía y eso se lo tengo que agradecer. A lo mejor no lo oía, como pasó con el flexo en Radio Madrid. Pero aquí en Radio León eso no podría pasar. Aquí siempre hay un transistor en el que se oye la antena en los despachos y en la redacción.

Sí, aquí sí lo oían, esta es una radio más pequeña y claro que la oyen.

Pero yo no sabía qué es eso del flexo de Radio Madrid y ya me explicaste que «El Flexo», así con mayúsculas, era el programa con el que empezó Gomaespuma. Era un programa de humor que hacían en Radio Madrid, un programa que lo oía todo el mundo menos los jefes. Estaba todo el mundo enganchado, me dijiste, «pero que los jefes no tenían ni idea, de manera que el día que lo iban a quitar, le dijo la hija al dueño de la SER, bueno, que no sé si al dueño o a quien, pero, vamos lo que se cuenta. Se ve que le dijo la hija que iban a quitar el programa que más se escuchaba».

Y es que, a veces, pasan estas cosas, bien lo sabes, que la realidad pasa por una acera y las decisiones se toman en la acera de enfrente desde sillones que no tienen rozaduras.

Una de las cosas más chulas que hicimos fue, en el año ochenta y poco, con el grupo de teatro La Fragua, grabar entera la obra de teatro de Genarín. La grabamos haciendo radio teatro, no una radio novela. Aquello fue una obra de teatro grabada en la radio en ocho capítulos que, como te puedes imaginar, tengo guardados y que todavía yo creo que no ha tenido repercusión suficiente. Yo lo he ofrecido muchas veces, pero nunca se ha hecho nada con eso y, al final, me pondré yo con ello y lo digitalizaré y lo produciré yo, que, al final, fui el que hizo el trabajo. Con la dirección de Kike, que fue quien escribió la obra y con La Fragua que puso las voces. Lo grabamos en un estudio todos juntos.

Lo he escuchado con el paso del tiempo y quedó más que bien, tiene efectos, subrayados, murmullos de gente... todo lo hicimos a pelo y nos quedó súper natural. Está ahí la voz de Pérez Herrero metida.

En este proyecto hicimos muchas cosas, teníamos un programa de cómics, y hacíamos un fragmento dramatizado de algunas historietas. Teníamos un programa de cine, en el que íbamos por todos los cines con la grabadora a grabar un trozo de la película para ponerlo luego en la radio. No te lo pierdas, con la grabadora de mano al altavoz de los cines. Me iba con la grabadora en la mano y lo grababa en el altavoz de la cabina. Me metía allí y grababa directamente y luego era eso lo que metía en el programa. Y ya sabes cómo suena, que las voces de los dobladores españoles son un cañón.

Es algo que siempre te ha gustado. Dejar que la vida entre en la radio. La vida tal como es, sin tratamiento, sin guion, sin filtros. Y la vida, cómo no, es el cine, porque la ficción es la vida y no hay mayor realidad que el sonido de la ficción en la radio cuando se hace de verdad. Es algo que siempre te ha gustado, sí. Hacer sonar la vida. Y cuando la vida tiene la voz del cine, suena fabulosa.

De eso tengo una lista de tres folios con todos los programas que hacíamos. En esa época se hizo mucha radio. Abríamos a las ocho de la mañana y cerrábamos a las tres de la madrugada. Hacíamos radio a tutiplén, sí, es verdad que la mayoría era musical, pero, a partir de las nueve de la noche empezaban los programas y había contenidos de todo tipo.

Quizá valdría la pena incluir esa lista como un apéndice, un modo de recoger tu historia como locutor más allá de ser la cara de Los 40 en León durante tantos años. Se ve que estabais todo el día ideando cosas. Eran aquellos tiempos en los que una radio local tenía una identidad propia mucho más definida que ahora, ahora que todo es cadena, excepto los espacios de carácter propio que se permiten y los que singularmente Radio León ha ido salvando. En la SER, en la Radio León de aquel tiempo, pudiste hacer muchas cosas diferentes, ¡anda que no hiciste cosas!

No sé si te conté cómo conocí yo a Contreras. La historia de Contreras es muy potente; yo le conocía porque era cantautor y andaba por ahí en el mundillo ese y un día le dije: tú tenías que hacerme una cosa para el programa. Te voy a pasar los jueves las noticias más importantes de última hora y me vas a venir el viernes con unas coplillas de ciego para cantarlas con la guitarra. Me hacía unas coplillas con las noticias de la semana.

Los viernes era el día que concentrábamos las cosas más diferentes, como pasaba por ejemplo con «Por Fin es Viernes». Ese tipo de cosas, temas divertidos, ligeros, propuestas para el fin de semana. Eso lo hacíamos en el programa de la mañana, cuando hacíamos las cuatro horas de la mañana enteras en local. Llenar todos los días programas sin que los espacios estén prefijados, sin secciones fijas para toda la semana y llenándolo con contenidos locales de actualidad no era nada fácil. Lo difícil en la radio es producir las cosas y a diario, y en vivo, con contenidos que no sean lo de siempre. Local y generando contenidos novedosos todos los días. Eso no era nada fácil. Date cuenta de que no teníamos ninguna sección fija, más allá de lo de las coplillas. Todo lo demás eran secciones abiertas a la actualidad de cada día. Es verdad que tirábamos de periódico. Yo andaba mucho en la biblioteca, la de la Diputación. Me lo pasaba muy bien allí revolviendo entre los periódicos viejos y buscando temas de siempre. Aquella era una época en la que no había internet. Ahora estás hablando de un tipo que no conoces bien, tecleas el nombre y te sale la biografía, pero antes había que ir a buscar en una biblioteca.

Eran tiempos distintos, muy distintos. Luego, bueno, la radio ha ido pegando un cambio, se ha ido actualizando a medida que la radio musical se ha ido quedando como un altavoz reproductor de música, la radio convencional ha ido absorbiendo la música que más le interesa y acoplándola ahí. La música es muy cómoda y ayuda mucho. Por otra parte, la gente que escucha la radio convencional es gente que disfruta la buena música. Para despedir un programa te queda divino. Ahí tienes a Javier del Pino con A vivir, que tiene una playlist espectacular. Antes en la radio convencional no se ponía nada de música, poner una canción era un relleno porque no tenías más remedio.

La radio ha ido cambiando con los tiempos, se ha ido haciendo al mundo o adaptándose con el mundo. Es verdad eso que dices. Quizá el último cambio de la radio misma, como contenido, sea ese que tú viviste con el nacimiento de la radio musical, pero el medio ha ido adaptándose a todos los movimientos tecnológicos que han ido transformando la sociedad. La televisión, tu otra gran pasión, quizá una pasión inconfesa, más escondida que tu pasión por la radio, pero no menos intensa, pienso que se ha adaptado peor, que se ha quedado en las fórmulas más convencionales y más allá de la ficción de las grandes series, que están a medio camino entre el lenguaje del cine y el lenguaje propio de la televisión, se ha quedado en viejos clichés del programa concurso, los debates de gallinero alborotado, la tele-realidad y el *talent show*. En cambio, la radio está más viva que nunca y el *podcast* abre un abanico de contenidos enorme que hace imposible limitar su oferta a tal o cual estereotipo. Seguimos hablando de radio convencional o de radio musical y realmente esas etiquetas ya están superadas porque las posibilidades que se han abierto en cualquier servidor de contenidos en audio son impresionantes y las cadenas han sabido adaptarse y subirse a esa ola, permitiendo que toda su producción se transforme en contenidos a la carta que siguen manteniendo su frescura e inmediatez, las señas de identidad de la radio, la palabra, lo que nos hace humanos.

Había un mundo en la radio que ha desaparecido, el de las esquelas. Es algo con lo que la radio ha vivido durante muchos años, y ya no. En Lugo, tú sabes que Radio Lugo también era del grupo, conocí una historia bastante singular. Allí tenían una espina clavada y es que había una emisora que facturaba tanto en esquelas que solo emitía esquelas y era Radio Popular. Bueno, todo el día no, pero había un tramo que es que era esquela tras esquela, dos locutores, a dos manos, durante dos horas. Una, otra, una, otra, era brutal aquello. Y en Radio Lugo se hacían cruces, ¿por qué no vienen las esquelas a Radio Lugo? Las ponían en la COPE, y no había narices. La gente tenía esa costumbre y no había forma de que entraran en Radio Lugo. En león siempre ha habido mucha esquela y además me las sé de memoria. «Rogamos a Dios una oración por su alma». Si me pongo a leer una esquela ahora, tengo mecanizada la entrada y la salida. De hecho, todavía te llega alguna vez una esquela, las colamos en las desconexiones, pero ya…, pocas: compromisos o más bien ninguna.

Galicia es un mundo de ingresos muy potente. Se vendían tres cosas en la radio: las esquelas, los anuncios por palabras (con un mínimo de quince palabras) y las fiestas de los pueblos. Las cuñas se supone que eran de treinta segundos, de quince o de diez, pero no había una de diez ni de palo, la mayoría eran de un minuto. Algunos *tochos* que no entiendes nada. Yo he metido guías de diez minutos. Date cuenta: diez cuñas a un minuto, lo que ocupan ahora veinticinco cuñas de media. Luego había gente que se gastaba el dinero en publicidad, mucha pasta. Las fiestas de los pueblos, que fueron un boom en las radios musicales, fueron también una fuente de ingresos importante. Si un pueblo no se anunciaba en la radio, no tenía fiesta. Esta es una de las cosas que se ha perdido al perder protagonismo la radio local.

La publicidad local es información, siempre lo has dicho. Se podría decir que es información interesada, claro. Pero es información. Mientras elaboro esta biografía medio novelada tengo la radio puesta. Siempre la radio por ahí, ya sabes. Y está sonando Radio Costa de la Luz. No te lo pierdas, tienen las noticias patrocinadas. La noticia de Ayamonte la patrocina un restaurante, la de Huelva creo que una gasolinera y la de Portugal no sé decirte ahora mismo, pero todos esos anuncios te dan información. Te cuentan dónde puedes ir a comer o a cenar, qué sitios son interesantes para hacer turismo, aunque luego no vayas exactamente al restaurante que se anuncia. Y en las cuñas, los conciertos de la zona, las fiestas como tú dices. Las fiestas medievales de Castro Marim, que se recuperan tras la pandemia. Es esa otra información. La información de la vida, la información que seguramente mantiene viva la radio, lo que nos interesa. Exactamente eso, sí, que ha fallecido Olivia Newton John nos lo cuentan en el informativo, pero también hace falta saber que ha fallecido tal o cual persona y eso nos lo dice la nota necrológica y también es interesante, pese a que las redes sociales y la inmediatez del teléfono móvil permiten que toda esa información fluya de una manera mucho más ágil, privada y directa. En cualquier caso, la radio cercana, la radio local, está absolutamente viva a pesar de ocupar cada vez menos espacio en la parrilla.

Y de ahí pasamos a hablar de las discotecas, porque salió el tema de Baroke y el Módulo Dance, un espacio patrocinado en la programación local de los 40. Ser locutor en la radio y además ser el locutor de los 40 te colocó de manera natural en el mundo de la noche, el mundo de las discotecas y los bares. Conocías a todos los empresarios de la noche, naturalmente, y trabajaste como pinchadiscos para muchos, si no para todos de un modo u otro. Era un mundo azul. Para mí era un mundo azul. No sé cómo fue tu vivencia de aquello y tampoco te he preguntado con mucha profundidad, aunque ahora contaremos cómo era y los nombres de los sitios y quizá de las gentes. Daremos un repaso a algunas cosas, pero solo desde la superficie, solo desde lo que se ve. En lo profundo, déjame que te hable con metáforas y lo deje *blowing in the wind*, como si fuese una respuesta, como si realmente hubiera alguna respuesta concreta a la pregunta por la vida en el mundo de la noche. Yo te digo que, para mí, la fiesta es azul, un horizonte azul de cristales, pero un azul muy oscuro, que se desdibuja, se deshace en un techo de ondas, un mar de plástico caro que da la bienvenida sobre el mármol frío del suelo que pisamos. Mármol suelo, mármol columna, mármol losa. En tus ojos alguna tarde, sentados en el despacho de la carretera de Asturias mirábamos un horizonte de libertad compartida, dos del año del gato encerrados en la jaula azul de la felicidad. Me mirabas desde la silla del confidente y me veías lagunas que yo todavía no tenía y tardábamos un rato largo en resolver una relación laboral que no tenía más allá de un toma y trae, firma aquí, hasta el mes que viene. Está feo que escriba en público que eso fue lo que nos empezó a acercar, que fuimos amigos por el trabajo y que yo escribí un poema en un punto de lectura en una noche de discoteca porque me habías dicho que las cosas que a uno le interesan de verdad no se pueden abandonar. Hacía años que había dejado de escribir. Nada más allá de un recibí o un contrato o una carta de reclamación o un estado de cuentas para mostrar al consejo de administración. Años de historias abandonadas, hasta que tuvimos esa conversación y me convenciste de que se puede hacer eso en lo que uno cree, aunque no tenga repercusión, aunque no llegue a nadie, aunque no sirva para nada y más si se trata de escribir. Mirabas el horizonte por encima de mi hombro y me decías que me envidiabas, que envidiabas ese despacho, que te parecía un lujo poder trabajar allí.

Yo no te llegué a creer del todo, porque sé que no es ese mundo el que te interesa, que tú eres de estar en la calle y quizá hasta de revolver en la basura, de rebuscar entre lo que los demás desprecian. Un poco era lo que me decías a mí, que eso que no estaba valorando podía tener un valor enorme si se sabía mirar. Y yo estaba muy aturdido entonces. No quiero decir que ahora no lo esté, que hay veces que pienso que el aturdimiento es el estado natural de la mayoría y que solo hay algunos privilegiados, pocos, muy pocos, que se sacuden el letargo y ven el mundo con ojos despiertos. Pero el caso es que yo estaba aturdido y despistado, descentrado, fuera de anclaje. Y me hablaste de la importancia de hacer lo que a uno realmente le gusta. Y ese fin de semana escribí, ya te digo, un poema en un punto de lectura, porque, mientras el mundo bailaba, yo pasaba muchos ratos en la oficina de la discoteca leyendo un libro. Recuerdo de aquella época novelas de Umberto Eco y de Tibor Fisher que me llegaron a obsesionar. Y era un modo de vida extraño ese en el que pesaba el trabajo y me escondía en los libros y cometía el mayor error de mi vida que era estar lejos de mis hijos mientras eran pequeños, ese error que también tú has cometido, ya te lo he dicho unas páginas antes.

Pero volví a escribir pequeñas cosas y seguí haciéndolo sin importar si alguien lo fuera a leer algún día y vino a través de ti el programa de Localia con Chelo Costa; antes había estado con Puri y con Ana en las tertulias de la tarde, los viernes era nuestro día, con Julio, con Aurora,… ¡qué manera de resucitar, de salir a la vida! Y sí, esos días de Localia, esas pequeñas locuras con Miguel y sobre todo con Lolo, la oportunidad de conocer a Lolo y de hablar con él de escribir una novela y hacerlo y terminarla a lo largo de los años y saber que, aunque no la lea nadie, está escrita porque me empujaste en aquella jaula azul de cristales de la noche. Me empujaste y me salí del círculo. Algo que quizá me ha traído toda la infelicidad que me acompaña en opinión de algunos, pero yo sé que es algo que me ha puesto en el tobogán que baja desde el suelo al mar de plástico que me arrebata en cielo. La infelicidad que pueda perseguirnos es la que hemos sembrado en los errores de los que tanto te he hablado. Todo lo otro es el vacío por el que vamos hacia un lugar natural en el mundo. Yo sé dónde está el mío, en un lugar exacto de Chad o de Creta en el que encaja de forma perfecta una piedra que rueda desde las manos de Sísifo hasta unos brazos que ya no la permitirán ascender más. Tú sé que tienes los tuyos, pero no eres piedra. Eres más agua o viento que necesita circular y no quiere reposo. Yo soy piedra que encaja y que por fin tiene su sitio.

Y te tengo que agradecer aquella conversación.

Teníamos el Módulo Dance de Marcelino, que era un espacio de Los 40 en León que lo teníamos patrocinado de cuando tú trabajabas en Baroke. Mucha audiencia tenía aquello, «desde lo más alto». Baroke, tu punto de encuentro. El otro día encontré una cosa, unas entradas de la piscina que me habías regalado. Siempre dices que te daba muchos problemas la piscina, que costaba mucho dinero mantenerla y que era muy difícil rentabilizarla, pero es que aquello era un piscinón, aunque, es verdad que, habiendo río, las piscinas al aire libre en León son una ruina. Mira tú en Cimanes del Tejar, por ejemplo, lo bien montado que lo tienen. Un remanso en el río y ya está. Sacan el agua en una piscina que tienen hecha y la mantienen corriendo siempre. Olvídate de floculante y demás historias. Ya saben lo que hay allí, y punto.

En los pueblos siempre han sabido estar en lo que hay. ¡Yo qué sé! Fíjate en las fiestas, por ejemplo, eso de los carricoches que hacen en Ciñera por San Miguel. Saben divertirse. Y claro, en las discotecas, pues se notaba. Yo estuve en Área, en Santa María del Páramo, pinchando años; en La Bañeza, en Norton. El dueño de Norton luego montó aquí La Mandrágora. La NBA, que luego fue la Oh!; que ya no es nada, que está ahí parada. El Trianón, que me encontré rebuscando entre las cosas con un anuncio de la inauguración. Era un cine y lo transformaron en una discoteca. Un ambiente había allí buenísimo, y lo dejaron morir también, de pena. En León había un movimiento de discotecas fantástico, mucha gente. La Tropicana. «Cada fin de semana: tropi, tro, Tropicana». No hay un solo día de la semana en que alguien no me diga algo de la Tropicana. Todos los días alguien me dice algo de la Tropicana, o en un mensaje, o en un tal, me acuerdo de esto de la Tropicana, no sé qué. Me hablaba una chavala y me decía que se acordaba de que se acababan los lentos y ponía el pop español y es que la gente se acuerda de todo. Una época muy potente. La Tropicana era una fuente de ingresos brutal. Mil setecientas personas por taquilla, desde las siete de la tarde y hasta las diez de la noche; a las diez y media cerrábamos. Te lo digo otra vez: «cada fin de semana: tropi, tro, Tropicana».

A las doce volvía a abrir y volvía a meter otras mil setecientas personas de noche. Un discotecón. Había mil setecientas personas, ya te digo, tropi, tro, Tropicana, y encendíamos las luces y, según salían, yo les ponía «New York, New York» cantada por Frank Sinatra y se iban haciendo así con las piernas y se iban marchando mientras bailaban. Se marchaban encantadas.

Iba todo el mundo andando. Estaban los bares de alrededor encantados también. Había hamburgueserías, bares, vida.

Luego tuvimos una época muy buena, que abríamos viernes, sábados y domingos y estaba siempre lleno, siempre lleno. Una chavalería…. Era otro rollo distinto. Hoy no hay nada, está muy parado. Luego pienso en lo que hacía Félix, y ahora con la distancia…. ¡Cómo los iba a pescar a los institutos! Para que dieran invitaciones y todo el rollo, y tal y cual. Eso lo manejó muy bien el mundo de los pubs en León con las fiestas universitarias, con lo que Lorenzo salió adelante. Anunció que se iba a Benidorm, cerró el local que tenía y se lo dio a otro que lo ha reformado, y dijo que se iba. Lorenzo ya llevaba tiempo por Benidorm, por ahí haciendo cosas. Lorenzo para esas cosas siempre ha sido muy hábil. El mundo de la hostelería…

Fíjate, la Mandrágora, un discotecón que te mueres, guapísimo, y ahora es un garaje. Lo vaciaron y lo hicieron todo garaje, entero. Lo que fue el Gatos, que ahora es el Carrefour Express del Burgo y, por el otro lado, que ahora es un súper garaje, estaba el Club Radio. Cuando venían todos los grupos de los sesenta y todo eso. Yo esa época no la viví, claro, yo viví la otra época, la de los ochenta y noventa, que tampoco estuvo mal. Además, se ponía de moda una discoteca en un barrio y toda la chavalería iba para allá. Se ponía por zonas, el Aquarium, por ejemplo, estaba ahí en Trobajo. Vino Mecano a tocar allí. Las discotecas en León fueron un auténtico boom.

Empecé a poner música con dieciocho años y ya nunca paré de currar. Realmente no he tenido una juventud al uso. Con veintitrés años me casé y ya desde los dieciocho te vas rodando en ese mundillo, que es un mundillo complicado, depende de cómo te posiciones tú.

A mí me encantaba bailar. Hasta que cumplí los dieciocho y empecé a pinchar, iba a las discotecas y me subía al sitio más chulo que hubiera y, hala, a bailar. Me encantaba bailar. Bueno, bailar o hacer el ridículo, porque un día me dijo mi novia que bailaba fatal y ahí se terminó mi carrera de Travolta. Lo que digan ellas, amigo. Yo me lo pasaba pipa bailando, era una pasión brutal. Estuve un par de años que era un bailarín consumado. Me acuerdo de dos chavalas que eran muy llamativas, que me tomaban el pelo y se burlaban de mí, porque cuando yo bailaba me hacían como que me filmaban. Claro, yo las veía tan estupendas que me decía, venga, filmadme lo que queráis. En realidad, nunca me hicieron ni caso. Con el paso de los años un día, una de ellas me dice: hubo una época en la que estuvimos saliendo. Y yo diciendo para mí, pues lo que es ahora mismo no sé ni tu nombre, no lo recuerdo en absoluto. Sí, eso me dijo un día. La pobre se murió de cáncer hace unos años. Era un bombonaco que no entiendes nada, la chavala.

Tu relación con las mujeres es más para una autobiografía. Yo creo que ese capítulo debes escribirlo tú, porque me parece que solamente tú sabes cuál es tu verdadera relación con ellas. No digo los amores que has tenido, las relaciones amorosas o de pareja que conocemos, sino la realidad interior. Hay una idea extraña que hace pensar a la gente, en general, que ese chico de la radio, el pinchadiscos, el que mueve el baile, seguro que tiene éxito con las mujeres y quizá hay esa idea extendida de que tenéis muchas aventuras. No sé. Da la impresión de que esa presunción es un poco reflejo de cierta concepción machista de las relaciones que hay en la gente. Yo sé que ese no es tu caso. De todos modos eso pertenece al rincón más íntimo de lo que a uno le sucede y ya te digo que deberías ser tú quien lo contara. Que has conocido a muchas mujeres, seguro. Pero de lo que no estoy tan seguro es del modo en el que hayas enfocado todas esas relaciones, si han ido más allá de lo que se entiende por una relación cordial como la que has tenido con los muchísimos hombres que también has conocido por tu trabajo. Ser alguien tan público te coloca en la mirada de muchos. Para bien y para mal. Fíjate que pienso que el afecto es una necesidad para ti. Para todos, qué tontería. Lo que quiero decir es que tu necesidad de afecto ha marcado más tus relaciones sentimentales que otro tipo de motivaciones o sentimientos.

En la cabina no haces nada porque estás todo el día currando. Te van allí a vacilar, pero luego se piran con otro. Además, en una cabina tienes que estar al loro, porque cualquier metedura de pata se te queda todo el mundo mirando. Piensa que, en aquella época, mezclabas con platos, no como ahora que lo llevas todo en las playlist. Aquello era una tensión... En la Tropicana cogí la buena o mala costumbre de poner trozos muy conocidos, estrofas o estribillos de diferentes temas que iba mezclando. En el tramo de los lentos dejaba que sonasen las canciones enteras, porque la gente quería estar tranquila allí bailando. Bailaban mucho el lento, la pista llena. Y después ponía música española. Me cogía todas las canciones conocidas, pues igual cuarenta o cincuenta canciones, y acababa una estrofa conocida de una, yo qué sé, ¡chiquilla! y ya estaba Loquillo con el estribillo de la siguiente. Y todo eso lo hacía con los platos. Era, con los cascos aquí, un plato sonando y con la aguja buscando el hueco en el otro, parándolo, para atrás, prepáralo y luego suelta, suelta,

¿sabes? Que había veces que... Si me pongo hoy día, no sé si lo puedo hacer, aunque creo que sí, porque tengo maña y me acuerdo. Cuando cerraba la Tropicana a las diez de la noche, media hora mínimo para colocar todos los vinilos que había ido usando. Los tenía en una esquina tirados, uno encima de otro, porque los iba quitando y no me daba tiempo a volver a colocarlos. Luego, compramos los CD y yo lo miraba con reticencia, pensaba que no me iba a adaptar y ahora mírame, con el disco duro a todas partes. Al final pinchabas con CD, como ahora lo haces desde los discos duros, pero la adrenalina del vinilo era otra cosa. Y eso que lo de los CD era el mismo desmadre que con los vinilos, que, a día de hoy, todavía tengo la carpeta de la Tropicana y tengo los CD sin colocar en sus cajas, porque los fui sacando y nunca los volví a meter cada uno en su sitio y los tengo destrozados. No sabría los años que estuve pinchando en la Tropicana, pero fue una época muy potente. Luego empezó el dueño que si hay que poner más música electrónica, tal... y empezó aquello a apartarme un poco y llegó un momento en el que ya se hizo insostenible, y vació la Tropicana. Se puso a pinchar él. Era su negocio, yo iba, pinchaba, me pagaban y se acabó. No hay nada más.

El éxito de una discoteca es una mezcla de misterio, suerte, ambientes, ... Antes jugaban mucho con los grupos grandes, con los institutos enteros. Se movía el instituto entero para allá. Yo me acuerdo de que, estando en el Ordoño II, me presenté a un concurso de míster piernas en la Tropicana. Me acuerdo de aquella época en la que fui delegado de todos los cursos, que ya te he hablado de aquello, y venía a hablar conmigo de otro instituto la que luego ha sido mujer de Ángel Nieto. ¿A que no sabías que estaba casado con una chica de

León, que se llamaba Belinda? Pues sí, la mujer de Ángel Nieto era de León y, cuando yo la conocí, estaba todo el día tocando las narices para hacer huelgas. Era una mujer muy activa. Yo tenía con ella unas trifulcas por lo de las huelgas que no veas. Madre mía, los años que hace que no la veo. Fue Miss León. Teníamos la misma edad; yo me volvía loco cada vez que venía a hablar conmigo, porque tenía una mala uva de cuidado. Era una belleza, espectacular. Tenía todo para triunfar. Era muy guerrera, Belinda.

Y la conversación se detiene porque te ha entrado un mensaje de WhatsApp. Parece que tenías pendiente hacerle una entrevista a Magaz y no has terminado de quedar con él. Tenías previsto llamarlo, pero me confiesas que se te ha olvidado. Ha sacado libro nuevo, me dices, voy a llamarlo y ya mañana mismo se la voy a hacer porque me va a matar, que ha sacado un libro nuevo. Y enseguida vuelves a Belinda y a los años del instituto y haces un cálculo complicadísimo de años y de cursos para situar el momento en el que la conociste, uno o dos años después de que fuera reina de las fiestas, algo así: yo estaba en el instituto, en segundo de BUP, posiblemente, pero yo la conocí uno o dos años más tarde de que fuera reina de las fiestas. En el ochenta y uno había repetido COU, cuando me incorporé a la radio, o sea que fueron COU, COU, radio, ochenta y uno, menos cuatro, setenta y siete. Había sido reina de las fiestas el año anterior. ¿Quién necesita Google?

Yo me eché una novia en el ochenta y uno, recién entrado a la radio, que era como esta, una cosa… una belleza sibilina, guapísima, o a mí me lo parecía, por lo menos, dijiste, mientras seguíamos buscando cosas sobre Belinda para aclarar tus dudas sobre qué año fue reina de las fiestas. Y apareció un artículo titulado «Belinda, otra vez 'reina' en la sombra de ángel Nieto» en el que se resolvían todas tus dudas. «Esto solo lo podía firmar Fulgencio. Esto solo lo podría firmar él, porque está muy bien escrito», dije yo. Y tú lo confirmabas diciendo que no es solo que sea un gran tipo, sino que es que además escribe muy bien. Ful es mucho Ful, dijiste. Por eso esa foto que tengo ahí con Ful y con Mauri me gusta mucho. Yo puedo fardar de que Ful y Mauri llegaron a la hora a una entrevista que quedé para hacerles yo. Me dijeron: es la primera vez que llegamos a la hora los dos, que lo sepas, solo porque nos la has hecho tú.

Mírala, Belinda. ¡Qué cosas! Mira qué guapa está ahí en esa foto con sombrero. A mí siempre me han gustado las chicas con sombrero, no sé por qué. ¿Qué esconde el sombrero? La primera novia que yo tuve me la eché en el instituto, una chica que se llamaba Belén y era la panacea de las novias. Cuando yo era un chaval, el ideal era tener una novia rubia y con los ojos azules, que era como el sueño de todo el mundo. Y yo la tenía. Belén.

La primera discoteca donde pinché fue en el Atomium, y pinchaba de espaldas, porque la cabina estaba puesta al revés. Pinchaba mirando a la pared y con unos platos que había que empujarlos un poco para que cogieran ritmo. Y encima con un encargado que teníamos que daba miedo; yo le tenía miedo, vamos. Era un tío que iba con un traje como de camarero caro y era el encargado del Atomium y del Pub 3000 a la vez, y en aquella época el Pub 3000 era lo mejor que había. Tenía un agujero en el suelo desde el que se veía el Atomium. Fue una época muy buena. El Atomium y el Pub 3000 fueron una revolución. Yo descubrí ahí un zulo que tenían en aquel local.

El primer día que curré allí dijo un camarero ¿nos ayudas a sacar las botellas? Éramos tres personas y dos botes grandones. En la pared de la discoteca donde se bailaba, que había como una especie de cosas chulas hechas con hormigón, de repente, quitó dos pasadores y se abrió entera la pared y apareció un garaje inmensamente largo que va a parar al lado de *Viajes Leontour.* ¿Te das cuenta de *Viajes Leontour*, en el Burgo? Al principio. Cerca ya de Guzmán, un poquito antes de llegar al sanatorio. Allí hay una salida de garajes. Bueno, pues ahí hay un túnel de garajes que da hasta el Pasaje. A día de hoy, el Atomium lo han vaciado y han hecho más garajes, hace un año o dos, porque allí había reservados y había de todo. Quedé flipado, porque me contaban los camareros: aquí todo el mundo tiene los garajes cerrados y se dedicaban allí al carteo. Tenían chapas, cartas… Mucha hampa, mucho lumpen. Había mucho jaleo de eso en León, mucho. Yo conocía a gente, y en esa época se debía jugar bastante hasta en sitios de lo más normales.

Hoy he colgado en Facebook un reportaje de La Lola de cuando la reformaron, un reportaje de la época de Localia.

Yo vi a Contreras cantando en el Stick, te dije, no sé por qué.

Es bonito ver esas fotos que he subido a Facebook, dijiste sin salir de tu rememoración, sin escuchar mi comentario.

Del Atomium ya pasé a brujulear por León en general. Me llamaban para muchas cosas, para presentar… estaba de moda en la radio, te llamaban para todo tipo de cosas. Yo nunca me he complicado la vida por la noche, ni bebía, ni fumaba nada, ni me drogué nunca, ni nada de nada y me iba muy bien. Siempre he tenido una norma: el que está al mando de la música tiene que estar al mando de la sala y tiene que estar controlando siempre. No puedes estar haciendo el ridículo. Por muchas razones debes mantenerte en tu sitio. Una de ellas es que estás trabajando, y razón número dos, para hacer eso tienes que tener la mente clara y no puedes estar afectado por el alcohol o por alguna otra cosa.

Yo nunca en la vida me he drogado y mira que me han ofrecido a mansalva, porque además te ofrecen como acto de cordialidad. En Madrid yo iba a todos los telares de las discográficas, he ido a ver a Liza Minelli, a cenar con ella, y he estado con los Jackson Five y comiendo con Enrique Iglesias. Era una época en la que íbamos a todo. A lo mejor íbamos cuatro como que íbamos cien. Yo estaba en Madrid en una reunión y decían, ¿tenéis los billetes? Cerradlos, que vamos a Zaragoza. Vamos a Zaragoza a ver la presentación del nuevo disco de Héroes del Silencio. Y nos montaron en un autobús y nos llevaron a Zaragoza por la tarde a ver un concierto. Y luego nos trajeron para Madrid.

Ese tipo de cosas era muy común y se movían muchas otras cosas alrededor. Las discográficas se gastaban mucho dinero para mover a los coordinadores. No te compraban, te enseñaban cosas. A mí nunca me compraron una botella de vino para las vacaciones. Yo me imagino que tampoco lo hubiera cogido. Nunca me ofrecieron nada. Mucha gente piensa que las discográficas nos compraban. A lo mejor a alguno grande con mucho poder, pero a los pequeños no. Y yo era, de las emisoras pequeñas, la más importante. León siempre ha sido, de las pequeñas, la más importante. Por audiencia y por prestigio. Siempre nos llamaban para ir a todo. Yo he ido a una cantidad ingente de eventos: a conciertos, a presentaciones..., he visto a Spandau Ballet, he visto a los Back Street Boys, he llevado autobuses para ver a Jean Michel Jarre.

Tendríamos que incluir un apéndice con esa lista de la que te hablo siempre en la que tengo recogidas las entrevistas que he hecho. La he repasado hace poco y me he llevado sorpresas, porque no contaba con tanta gente. La hice a mano, hace unos pocos días. Hay mucha gente ahí, mucha gente curiosa. ¿Cuándo entrevisté a este? Ya me acuerdo, por teléfono, quedé con él en no sé dónde. Es que hice muchas entrevistas.

Me acuerdo una vez, preguntándole a Imanol Arias cómo le maquillaban las uñas cuando hizo del Lute, comiendo con él en León, con él y con Víctor Manuel. Y yo diciéndole a Imanol que me había llamado mucho la atención cómo llevaba las uñas y él me dijo que todos los días se las llenaban de mierda, se las pintaban. Luego, al final, el trato cercano es muy agradable con mucha de esta peña. Tontos hay en todos los lados, pero luego la gente famosa busca muchas veces la cordialidad de lo sencillo, las cosas normales y corrientes. Esta gente también vive muy agobiada porque hay una época de fans locos que te ponen loca la cabeza. No quieres ni salir a la calle, te entra un miedo que no veas. Imagínate vivir con los periodistas en la puerta de casa las veinticuatro horas del día para ver si pueden llamar al llamador o ver si sale alguien.

La fama es lo que tiene.

CAPÍTULO VII.
LOS 40

Hace poco he visto unas fotos de Mures con Cristina del Valle y Alberto Comesaña, fotos actuales, del verano de 2022. Está el paso del tiempo escrito más en las miradas que en los cuerpos, porque el aspecto pretende un aire juvenil en los tres, aunque Cristina y Alberto son mayores y Mures ya anda en los sesenta. Está el paso del tiempo y se ve; lo que no se ve bien, y quizá valga la pena explicarlo, es todo lo que el tiempo ha detenido en la mirada —nos interesa la de José Manuel, las de Cristina y Alberto serán tarea de otros—, lo que esa mirada ha almacenado emocional y profesionalmente. Diría que lo emocional se dibuja en el interior y un poco ha ido saliendo en el modo en el que el propio Mures nos ha contado su vida en los capítulos anteriores. Ha sido su voz, en primera persona, la que nos ha ido relatando brochazos de su vida que nos han permitido conocer quién es. Me permito ahora saltar a la tercera persona y contar su experiencia vista desde fuera, haciendo un relato de hechos de quizá lo que yo percibo como una de las partes más importantes de su vida a nivel profesional. Todo lo que se ha contado ya, la radio, las discotecas, las colaboraciones con la prensa y con las instituciones es el día a día, el quehacer hipnótico de cada mañana, aunque las mañanas nunca fueran rutinarias, aunque los días tuviesen siempre esa intensidad de lo que es nuevo permanentemente.

La estructura de Los 40 principales era una estructura centralista. Todo pasaba por Madrid. Pero, aunque todo pasaba por Madrid, en la cadena tenían clara la importancia de las emisoras locales y todos los martes había una reunión en la capital en la que se decidía qué discos iban a sonar a nivel nacional.

Todos los martes, José Manuel, a primera hora de la mañana salía para Madrid y volvía para hacer el turno de las seis de la tarde. Lo hacía en su propio coche, adelantando la propia reunión en el camino de ida y reorganizando la semana en el camino de vuelta. Seis horas de viaje todos los martes para pensar. Ahora hubiera ido en AVE, claro, pero en los años de los que estamos hablando la alternativa para poder llegar a la reunión y estar de vuelta a la hora en la que empezaba el turno era el coche. Hasta que lo rompió. Valdría decir que ese tipo de cosas entran con demasiada claridad dentro de lo probable. Todas las semanas un viaje de ida y vuelta a Madrid le condujeron a darse un golpe que casi se mata. Él dice que se le fue el coche. Probablemente fuera así. Es posible que patinara por alguna circunstancia y se fuera contra el murete de la mediana, como él cuenta. Era en el camino de ida, ya casi llegando a Madrid, en ese momento en el que uno se relaja porque ya está llegando. El caso es que destrozó el coche contra el muro de hormigón. Salió ileso porque llevaba un buen coche, un Volvo 440, uno de aquellos coches suecos duros como rocas —un automático, dice con ilusión infantil, mi primer coche automático— y porque hay veces que tenemos esa suerte de los temerarios que nos protege hasta que deja de hacerlo.

Pensó que alguien tenía que hacerse responsable del accidente y habló con la gente de la administración de la empresa allí en Madrid, pero nadie tenía ningún seguro. Pensó que, tratándose de una reunión a la que él iba exprofeso, habría algún seguro de empresa o algo así, pero nada. Ni tan siquiera se pudo considerar como un accidente de trabajo *in itinere* en el sentido de que él no había sufrido ningún daño. Se quedó con dos palmos de narices y sin coche. Porque una vía es la que lleva la empresa en su idea de que las cosas funcionen y otra bien distinta el empeño entusiasta de alguna gente. Son caminos distintos que confluyen en el interés de las personas, pero no son el mismo camino. Con el tiempo se queda flotando en la mirada ese aprendizaje y en la foto reciente en la que se le ve con Amistades Peligrosas ya se adivina que ahora no cogería el coche todos los martes para ir a esa reunión, por mucho que le gustara esa bendita reunión y lo que allí se decidía.

Pero los dramas tienen como mucho cuatro actos, así es que se fue a donde Calleja, que vendía coches. Jesús Calleja, el aventurero, la estrella televisiva, vendía coches de segunda mano en un taller que tenía cerca del mercado de Colón, un taller precioso que le había hecho Alberto Quiñones con un aire como sesentero, un taller que parecía sacado de una película al estilo de Grease y allí es donde Jesús se ganaba unos cuartos vendiendo coches de segunda mano. Por lo que sé, la transacción fue algo así:

—Véndeme algo grande que ande.

Y le vendió un Mercedes 190 con doscientos mil kilómetros por un millón de pesetas. Eso es la mitad de lo que puede andar un Mercedes de esos. Y lo bueno es que el coche venía con todo y andaba bien. Un coche grande para seguir yendo los martes a Madrid, un coche como debe ser. Un 190 con calefacción en los asientos de cuero.

Es el problema de comprar algo que no te corresponde, que no está en tu lista de necesidades reales. Tuvo que librarse de él porque no era un coche adecuado para la vida que llevaba. Uno no pude comprar un coche pensando en ir los martes a Madrid, sobre todo porque ni siquiera era todos los martes. La verdad es que no iban de todas las emisoras todos los martes, sino que esa era una reunión en la que la cadena pulsaba el clima que había en las emisoras de provincias y de paso los mantenía contentos, integrados en la cadena, con la seguridad de ser miembros de algo importante. Uno puede llegar a comprar un Mercedes de segunda mano para ese tipo de cosas, pero es un error y, como es perfectamente imaginable, al año siguiente lo tuvo que vender porque no le daba nada más que disgustos. La *high society* está siempre ahí con sus tentaciones y nosotros siempre tratamos de convencernos de que hay un lugar pequeñito en ella que tal vez pueda correspondernos. El coche andaba bien, hubo que repararlo unas cuantas veces, pero, al final, hubo que venderlo, aunque todavía ande por ahí en manos de alguien que siente que tiene un Mercedes y eso le satisface. Un coche estupendo, que tenía de todo, un coche antiguo con todo lo que uno pueda imaginar que tengan ahora los coches, hasta los asientos regulables, seguramente, pero un coche inapropiado.

Uno descubre cosas de ese estilo, que la empresa no tiene ninguna responsabilidad con respecto a lo que tú decides hacer por tu cuenta y que la vida de uno se sitúa en la primera mano, que el lujo de segunda mano no es lujo. Lo que importaba eran las reuniones de los martes.

En esas reuniones de los martes los coordinadores que participaban de la reunión votaban lo discos que se presentaban.

Se escuchaban todos los discos enteros, los que se presentaban, claro. En la puerta de entrada estaban esperando los comerciales de las discográficas para tratar de influir en ellos y que eligiesen el disco que ellos promovían. Él dice que nunca le ofrecieron nada, lo hemos dicho ya, me parece, quizá, aunque haya dicho que no, alguna botella de vino por navidades o algo así, pero nada más, como quien te manda un *christmas*. Mucha gente que conocía de la época de las discográficas le podía mandar algún detalle sin importancia, normalmente una copia del disco que presentaban y le comían un poco la oreja. Al fin y al cabo, esa era su obligación, a eso se dedicaban, a promocionar, a vender música.

El arte como objeto de comercio no es una novedad que se inventasen las discográficas y los 40 Principales.

En esas reuniones de los martes en Madrid se escuchaban los discos y se elegía los que serían disco rojo esa semana. Esos eran los principales, los que iban a sonar esa semana con más intensidad. Se elegía el número uno y se cambiaba la lista para la semana siguiente. La cadena hacía así que se sintieran importantes las emisoras de toda España, porque se respetaba el criterio de los coordinadores, aunque tuvieran un criterio muy variado. Supongo que los intereses de la cadena y sus acuerdos con las discográficas quedaban bien parapetados en esas votaciones que posiblemente nunca fuesen —esas casualidades las empresas saben muy bien cómo controlarlas— contra los intereses de la propia cadena. Pero esto es algo que pienso yo, que para José Manuel esas votaciones eran sagradas y se pone muy serio defendiendo que se respetaba siempre lo que salía. Y yo en eso estoy de acuerdo, solo que creo que nunca salía algo que no le interesase a la cadena.

León era una de las emisoras con la que más se contaba. De entre las pequeñas, León ha sido siempre la más importante. No iba todos los martes, pero muchos. Comparado con otras, que iban un martes cada tres meses, León, Mures concretamente, tenía mucha presencia. Los que llegaban de más lejos iban el día anterior y se quedaban a dormir, eso que ahora persiguen tanto los ejecutivos de crear un clima de empresa. Mures procuraba siempre irse a primera hora de la mañana, estaba en la reunión, comía y se volvía. Las reuniones eran en Gran Vía 32. Y allí les atendía, a los coordinadores de provincias, María Jesús, que estaba casada con Paolo Salvatore. Esto lo cuenta Mures con mucha gracia y hace mucho hincapié en lo de Paolo Salvatore, aunque, en el fondo, no está seguro en absoluto de que fuese con él con quien estaba casada esta María Jesús, pero te dice que Paolo Salvatore fue una vez número uno. De hecho, me dice muy serio, como queriendo abundar en la idea de que la votación era una votación pura, sin trampa ni cartón: «estoy repasando los números uno y me acuerdo de cosas que ni me acordaba, hoy he recordado el número uno de Luis Cobos, la Zarzamora, en el año 82, número uno de Los 40».

En aquella época, Los 40 tocaban todos los palos, dice.

Y seguramente las votaciones eran limpias, pero se las trabajaban bien. Por ejemplo, las compañías hacían las presentaciones de los discos el día anterior a esa reunión e invitaban a los coordinadores que irían al día siguiente a votar. A pesar de lo que nos dice de que siempre procuraba ir en el día, Mures ha estado en muchas de esas presentaciones. ¡Como para perdérselo! Iban a una sala y les presentaban el disco o actuaba el grupo para ellos. Así es como José Manuel estuvo con Liza

Minelli, por ejemplo, porque al día siguiente presentaban un disco de ella.

Ha estado viendo a Kylie Minogue, por seguir señalando nombres importantes, y a todos los grupos españoles que te puedas imaginar, claro. Cuando no era una presentación de Gabinete Caligari era una de Los Ronaldos. Eso era el pan nuestro de cada día para un coordinador de Los 40. Las cosas se hacían a lo grande. Estuvo en Nueva York con Los Rebeldes en la presentación de Un español en Nueva York. ¡La presentación la hicieron en Nueva York! Eran otros tiempos, se movía mucho dinero en el mundo de las discográficas, no existía el pirateo, ni Spotify, todo lo más, aquellas casetes que copiábamos en los reproductores que tenían la posibilidad de reproducir dos cintas en los que poníamos una a sonar y grabábamos en la otra. El mundo de la música era de Sony, de CBS, de EMI, de las compañías que tenían controlado todo el negocio y no tenían fisuras por donde se escapara ni una peseta. A los responsables de las emisoras de música les tenían atenciones para mantener el control del negocio, les regalaban ediciones especiales de los discos, organizaban presentaciones en sus ciudades, firmas de discos en las que contaban siempre con ellos. Las discográficas movían a la gente, contaban con los coordinadores. Hacían que sonara la música y todo el mundo bailara al ritmo de Los 40.

Los 40 determinaban la música que se oía en España, por encima de cualquier otro canal. El resto del negocio en el mundo de la música se movía a ese ritmo. Las televisiones llevaban a los grupos o los artistas que tenían éxito en Los 40. La televisión musical ha ido muy a la par de la radio. Siempre ha habido un sistema de vasos comunicantes entre la radio y la televisión. Por ejemplo, Abellán era de la radio y fue uno de los presentadores más importantes de programas de música en la televisión. Tocata se llamaba el que hacía él, que vino después de Aplauso.

José Antonio Abellán es del sesenta, de un poco antes de este año del gato nuestro. Mucho debe saber Abellán de cómo se ha movido el negocio musical en España. Ha pasado por muchos puestos de responsabilidad. Hasta ha sido director deportivo de la COPE. ¡Aquel mítico Tocata! Sé de muy buena tinta que llamó a su despacho a José Manuel cuando dejó el grupo de Los 40. Lo recibió en un despacho gigante y le dijo que había montado una productora y que había hablado con todas las emisoras de Onda Cero y que lo necesitaba a él para controlar todo el asunto en Catilla y León.

Así como le compró el coche a Calleja, esta moto no la compró. Y menos mal, porque las cosas no salieron muy bien después. En eso Mures siempre ha sido muy fino, siempre ha sabido decir que no, dejando las puertas abiertas. Le dijo a Abellán que lo sentía y que le deseaba lo mejor, pero que estaba a gusto y no tenía intención de moverse.

Esa fidelidad a Radio León, uno nunca sabe si es fruto del compromiso o si hay otras claves que la expliquen. Toda una vida comprometido con la misma empresa en este mundo en el que vemos día sí y día también movimientos de una empresa para otra es algo extraño. Me recuerda también el caso de Lolo, siempre comprometido con León, alguien que, seguramente también, habrá tenido que decir que no a muchas ofertas y todo por quedarse aquí, por seguir en el aire este de León.

Don't leave me this way. Algo así le diría a Abellán. Y viene como ni pintado el título de la canción de The Communards, un grupo de la época que salió en Tocata, naturalmente. En el viaje desde Radio Madrid hasta Prado del Rey iban en el mismo taxi tres personas: Abellán, el cantante de The Communards y José Manuel Mures. Eran los años ochenta, mediados de los ochenta. Abellán era alguien muy importante en el mundo de la música comercial en España y Mures iba en el mismo taxi, aunque se supo bajar a tiempo. Eso sí, de aquella época le quedan muy buenos recuerdos y una foto con Janet Jackson. En realidad, con Janet Jackson tiene dos, a falta de una, pero en distintas épocas.

Eran los tiempos de brillo de la radio. Cuando Mures se quedaba a dormir en Madrid, lo hacía en un hotel cerca de la radio, allí en la misma Gran Vía, en el Hotel Roma. Le gustaba acercarse de noche a la radio y visitar a quienes estuvieran trabajando en ese momento. Años más tarde, ya a mediados de los noventa, una de sus visitas preferidas era a La Gramola, el programa de M80 de Joaquín Guzmán y cuenta Mures que la primera vez que estuvieron en la radio los Café Quijano fue con él y con Joaquín Guzmán en La Gramola. Es algo que a Mures se le da bien, hacer amigos, tender puentes, abrir puertas.

El hecho de estar tan cerca de la fama, de convivir tan de cerca con personas muy famosas sin que tú lo seas es un paso difícil. Pienso que son situaciones que a muchas personas los pueden llevar a la confusión, como aquel famoso Dinio, pero José Manuel siempre ha sabido mantenerse en la línea. Ha visto cosas, claro, ha visto, ponte por caso, a este José Antonio Abellán venir a León a grabar el Gran Musical en su Ferrari rojo, presentar el programa y coger el coche a las diez de la noche para estar a las doce en punto haciendo el programa en

Radio Madrid. Pero son exhibiciones que a él no le llaman la atención. Más bien al contrario. Ese tipo de presunciones le provocan cierta indiferencia.

Cuando comentas con él aquellos tiempos, tiene buenas palabras. A mí me gustaba cómo hacia la radio por la vida, me parecía que tenía un tono buenísimo, dice de Abellán. Él hizo mucho con La Jungla, le hizo mucha competencia al grupo con ese programa.

También estar tan cerca de la fama es un modo de poner las cosas en su sitio, creo yo. Por eso siempre cuenta que le hicieron algunas propuestas de este tipo y las rechazó todas. Se ve que hizo bien, porque, de lo contrario, no estaría contando las cosas con la tranquilidad con las que las cuenta, aunque eso nunca se puede saber.

Cuenta anécdotas de los grandes de la radio con toda la distancia que su trayectoria le permite. Recojo esta sobre José María García. Como muestra, un botón:

«Lo que fue José María García, por eso te digo que no te creas nada en la vida. Me acuerdo un día viéndolo aquí en la radio, estaba haciendo desde aquí un programa y entra uno de otra provincia. José María, yo opino. ¿Perdón? ¿Qué has dicho? ¿Cómo que yo opino? Aquí el único que opina soy yo, tú das información solo y no opinas nada. Así, textualmente, en directo, para toda la audiencia».

En general creo que sucede con todos los grandes medios de comunicación. El hecho de comunicar, de llegar a tantas y tantas personas te lleva a la convicción de que eres tú quien comunica y es verdad, solo que no es toda la verdad, porque quien comunica es el medio. El comunicador es un elemento determinante, pero no es decisivo. Lo decisivo es el medio.

José María García es un ejemplo, porque, cuando lo sustituyó José Ramón de la Morena, el programa de deportes de la noche de la SER seguía teniendo éxito, como ha seguido teniéndolo una vez que José Ramón de la Morena lo ha dejado. Eso lo tienen muy claro las cadenas. Saben que el éxito es del producto, no de la cadena en sí misma o del comunicador concreto. Eso lo sabe muy bien Mures y se lo explica siempre a los periodistas que llegan a la radio en prácticas:

«Te va a parecer una chorrada, pero siempre que me han puesto a gente a hacer prácticas, siempre les he empezado la charleta del primer día diciéndoles que tengan en cuenta que la radio es un medio muy bonito y muy influyente, pero que la radio es la radio y ellos solo son los que hacen la radio. Si estás haciendo la radio puedes contar cosas, pero hay un momento en que desaparece la radio para ti y la radio sigue ahí y tú ya no eres nadie, o sea, que no os creáis nada de lo que os podáis pensar que sois o dejáis de ser porque estáis haciendo la radio».

La capacidad de influencia del medio y de la persona, ese es el tema profundo. La radio tiene la ventaja de que proporciona cierto anonimato, aunque eso depende de cómo se proyecta socialmente cada uno. Ahí tenemos los ejemplos de los que hemos estado hablando, gentes de la radio que se han convertido en estrellas mediáticas, el mismo José Manuel es una estrella mediática en León. Pero, como él mismo ha dicho siempre, la presencia te la da la antena. Cuando sales de la antena, dejas de ser mediático, dejas de tener presencia, por mucho que digan que te pareces a George Michael.

CAPÍTULO VIII.
LA TERRAZA DE RADIO LEÓN

Cuenta Mures que en León se hicieron programas muy buenos. Cuando hace memoria se le agolpan las ideas y se le atropellan los títulos y en la relación de sus preferencias siempre sale «El Expreso» y algunas otras ocurrencias como «Susurros y Pellizcos». Hicimos aquí programas muy chulos, dice, trajimos el programa aquel que se hacía en los 40 de sexo, que lo hicimos en el cine Abella con el «Es.pabila». «En tu casa o en la mía», se llamaba, con Lorena Verdú. Hablaba todo tan bien, hablaba súper bien por la radio, me encantaba esa chavala, subraya.

Yo no sé si hoy una cadena de la importancia de la SER, no digo ya la COPE, que pueda tener una línea editorial más conservadora en ese sentido, sostendría un programa con ese contenido. La España de los ochenta era un país por hacer, estaba en ese tiempo en el que todavía no se habían reajustado todas las estructuras tras la implantación de la democracia y el universo de las cosas posibles era un universo abierto y cercano que hoy ya es más bien el universo de las cosas imposibles. No lo digo con añoranza, es solo una observación. La sociedad española de hoy es más rígida que la de los años ochenta, a pesar del 15M y la aparición de los partidos de la nueva política que traían la bandera de la superación del bipartidismo. Puede que sea una consecuencia de la globalización y de las crisis sucesivas, la financiera, la sanitaria y esta última crisis silenciosa que nos mantiene en una tensión permanente a escala mundial. No lo digo como explicación, porque no soy quién para dar ese tipo de explicaciones, es solo algo que observo, algo que me parece que explicaría por qué el mundo que estamos dejando a nuestros hijos parece un poco peor que el mundo que nos tocó vivir a nosotros. Se ve que no nos ha salido muy bien la cosa y ese pesimismo está en la mirada de Mures, o al menos a mí me llega cuando hablo con él. No es que abiertamente admita que las cosas eran mejores cuando él desarrolló su carrera profesional que ahora que empiezan a hacerlo sus hijas o en un futuro próximo, cuando le toque hacerlo a su hijo, sino que ve que todo se desmorona, se deshace como un azucarillo en un vaso de agua y hemos tenido muchas veces, en nuestras conversaciones, la sensación de tener una visión pesimista semejante a la de aquellos dos abuelos que salían en Barrio Sésamo criticándolo todo desde su palco del teatro.

Esa idea de abuelo Cebolleta que aprovecha cada segundo que tiene para contarte alguna batalla:

«No sabría decir si he tenido experiencias sabrosas en ningún sentido en mi relación con los famosos que venían a León o los que conocí fuera. Amistad con gente muy famosa, no sé. Es gente que hace su trabajo y ya está y tú estás haciendo el tuyo. Tengo una historia chula con el de Revólver. Es un tío muy potente, el amigo Goñi, sí. Hicimos una firma de discos aquí en El Corte Inglés y la montamos en el exterior y hacía un frío terrible. Había anunciado que tocaría canciones del nuevo álbum con la guitarra, a pelo. Él iba firmando a la gente, y me decía, Mures, yo no voy a tocar, tío, que tengo las manos que no las puedo mover, ni la voz, que hace un frío tremendo. Lo siento por esta gente, pero no voy a tocar. Y, al rato dice, oye, si me buscas un local en el que tocar cuando acabe y se lo dices a toda esta gente de la cola, yo toco gratis, no cobro nada. Y dije, vale, y entonces hablé con el de Caño Vadillo, que tenía un local muy grande que ahora lo han cerrado y han puesto unas vallas, no sé si te das cuenta. Se lo dije a todo el mundo de la cola y a las diez de la noche o diez y media, porque cerraban El Corte Inglés a las diez, todo el mundo esperando y algunos amigos que se habían unido. Estuvimos allí, en el Caño, todo el mundo sentado en el suelo y él con la guitarra se puso a tocar todo lo que le pidieron, todo. No grabamos, claro, entonces no había Instagram».

Es eso. Una historia como esta es difícil en la sociedad de hoy. Los derechos de imagen, las canciones, los derechos contratados con Spotify o con YouTube, los conflictos de intereses, las dificultades que habría supuesto el hecho, casi seguro, de que alguien grabara y subiera a las redes ese concierto improvisado. Nuestra vida es hoy más rígida, a pesar de tener muchas más posibilidades tanto tecnológicas como económicas, a pesar de todas las crisis.

Pero José Manuel ya es un cañón disparando anécdotas y quiere contar a toda costa lo que le ocurrió con Goñi. No te conté lo de la chica esta que le ponía la madre la música de Revólver, me dice. No sé, no me doy cuenta, tú me has contado que, hablando con Goñi, te hacía una confesión. Y ya es absolutamente imparable en el río de recuerdos:

«Cuando lo contratamos para actuar en Mondoñedo, en Chantada y en otro sitio más, y en Villafranca del Bierzo, hombre, cómo no me daba cuenta. Estaba empezando Tino, el de Siluj, y se lo contratamos todo a él y nos puso unos brazos, unas patas, bueno, lo que se ponía en los conciertos. Montamos el primer sitio en Villafranca. Montamos todo, nos vamos a cenar y mientras estábamos cenando se levantó un viento terrible y se cayó todo el montaje encima de los instrumentos, destrozado el escenario, destrozándolo todo. Se rompió el piano, pero no quedó inservible, aunque fíjate si se rompió que, a los cuatro o cinco días los vi actuando en la tele y el teclista llevaba todos los dedos llenos de vendas y lo vi tocando con algunas teclas rotas todavía. Quiero decir que no importó, que se arregló aquello como se pudo y allí siguieron tocando. Lo recolocamos todo entero y tocaron, estuvimos echando una mano. Cuando terminamos de tocar no nos lo creíamos, a pesar de todo hicieron un concierto medianamente bueno.

El día anterior habían estado en León, solo él, Goñi, una cosa para la radio, sin cobrar, un acústico en La Fundación, y solo fueron diez personas a verlo, y de las diez, cinco eran familiares que tenía en León. El tío es encantador.

Y después de Villafranca llegamos a Galicia, y el primer día nos instalamos al lado del mar, cae una tormenta, pero espantosa. El tío de la radio de Chantada, un tío altón, Waldo, estaba al lado del mar en un quiosco que vendía cervezas, todos resguardados de la lluvia —pero si Chantada no está en el mar, le digo; pues sería Mondoñedo o Chantada o el otro. Es que no me acuerdo del sitio. Sería Ribadeo, era Lugo—. Es verdad, lo de Chantada fue con los Flechazos, una experiencia potente allí también que ya te contaré. Bueno, el caso es que cayó una tormenta terrible, y le habían preparado para actuar en unos garitos estilo pueblo, un palco con una lona. Para quitar el agua que entraba estaba todo tapado con lonas.

Y cayó un rayo en un poste al lado del mar y entró todo el rayo por el cable, y al tío de la radio que se había agarrado a los palos del quiosco le cayó el rayo y se cayó al suelo. Tuvimos que llamar a una ambulancia, una movida que ni te imaginas... Pues dejó de llover y tuvimos que suspender el concierto. Te voy a pagar igual, decía el empresario, tenemos un seguro. Así es que Goñi se había sentado al borde del mar y me decía: tío, esto es imposible. No puedo tener más mala suerte, no va a funcionar bien anda. No te preocupes, coño, que algo saldrá bien, le dije. Ahí nos hicimos muy amigos, y después hemos coincidido en cosas muy chulas».

—Tú me dijiste que lo habías subido a la terraza de la radio.

—En la terraza estuve hablando con el de Los Piratas y con el de El Canto del Loco. Que siempre que habían ido a la radio me lo recordaban. Con Goñi yo no he estado en la terraza de la radio. ¿Por qué iba a estar? He estado sentado al borde del mar diciéndome que tenía muy mala suerte y no le iba a funcionar. Y yo le insistía en que tenía un grupo muy bueno. Al final mira qué bien que le ha ido; Goñi es uno de los valores que siempre están ahí, haces un concierto mañana y seguro que lo llenas, tiene muchos seguidores. Yo creo que sí.

La terraza de la radio es un espacio privado en el mundo de las emociones de Mures. En muchas ocasiones se ha subido para detener un enfado o para gestionar un disgusto. También para tener un momento de calma, sin más, un ajuste en el relé de las emociones, como si fuese su taller emotivo privado. En esa terraza está la antena y es un símbolo de su mundo emocional, porque no deja de ser significativo que necesite escapar hacia lo alto, hacia el lugar desde el que efectivamente se produce la emisión de la radio, el tubo por el que se dispara la radio y allí es precisamente donde Mures se escapa cuando necesita un ajuste. Yo he subido con él a la antena de la radio, hemos visto León desde allí y ha sido inevitable que me diera cuenta de que esa terraza forma parte de su espacio emocional.

De hecho, fíjate si Goñi es un valor seguro —vuelve al tema— que lo quería traer Contreras en medio de la pandemia y, claro, no se lo dejaron hacer. Mientras hablábamos, vimos un fotografía de Goñi que se diría que se la había hecho un enemigo.

Y empezamos a ver fotos, con Abellán, presentando el Gran Musical en el Palacio de los Deportes. Con Melendi —¡mira qué pinta tenemos los dos ahí! ¡Vaya dos! — Esas son Sweet California. Esa es la que me hicieron ahora con la de los 40 años, me la hizo Uribe.

Mira, esto de la estatua del rey fue culpa mía, que tengan esa estatua en Valencia de Don Juan fue cabezonería mía. Es igual que lo que me pasó con Carlos el de Decolesa. Me llamó y me dijo: van a poner la estatua de mi padre, ya les he dicho que es culpa tuya. El único que le hiciste caso a la estatua fuiste tú. Estuve mucho tiempo para que la estatua de la República la colocaran en el Sánchez, allí donde estaba la Cruz Roja antigua. Ya había hablado con todo el mundo para que la colocaran ahí, y luego la echaron abajo.

Esa foto es de un programa que hacía Dani Alfajeme montados en un coche, con una cámara. Sí, es una copia de un programa americano que van hablando en el coche mientras se ve la ciudad y paran a tomar café en sitios chulos. Ese es

Dani y esa Bea Jarrín anunciando Pasapalabra. ¿Ahí donde estoy yo? No estoy. 50 años de los cuarenta. Eso son los 50 años de Madrid. Esa no es mi guerra.

Y así es José Manuel Mures, un río de recuerdos una canción que no termina de sonar cuando ya está montada la siguiente. Le provoco y le digo que no tiene nada interesante que contar y se dispara. Te estoy contando de las reuniones y de todo lo demás, hacíamos cosas muy chulas —otra vez la palabra «chula», ¡cuántas veces «chula»!—: presentaciones, cenas. Cenábamos con los artistas muchas veces. Era muy interesante, porque descubrías, a veces, que detrás del grupo había un rollo allí distinto, gente normal, gente... ¿sabes? Yo nunca me compliqué mucho, yo luego me largaba para la radio, o con el de La Gramola, con el que estuviera por la noche en Cuarenta, y si no, con Cristina Tárrega en Cadena Dial, que hacía muchas veces la noche. Yo me meaba con ella porque decía: mira, Mures, mira qué anillo llevo, esto me lo ha regalado un futbolista. Esto me lo regaló otro futbolista; y es que no hay noche que no esté uno esperando abajo.

Luego, en la SER, siempre había alguien por allí. Yo en la radio me lo pasaba muy bien. La noche en la radio era muy molona, porque no había casi nadie, los pasillos vacíos, con cuatro tíos solos currando. La radio tranquila de la noche mola mucho, sí. Estoy viendo aquí cosas. Mira Joaquín Nieves. ¿De dónde han salido esas fotos?

Mira, pues Joaquín Nieves padre llevaba un tiempo yo pensando en grabar algo con él y se murió hace cuatro días, y se llevó toda la información que tenía, que era mucha.

Estoy en todos los lados, ahí me tienes. Noche de Reyes, DJ Mures. Es que me he revuelto mucho, sí.

Y es como si tomara conciencia de todo lo que ha ido haciendo a lo largo de todos estos años y me da por pensar que es importante esto que hacemos para que no se vaya con él todo lo que ha visto, para que no ocurra eso que dice él que ha ocurrido con Joaquín Nieves, aunque sea una presunción por su parte decir que una entrevista suya serviría para rescatar todo el conocimiento de Joaquín, aunque pueda ser una presunción por mi parte pensar que estas páginas puedan servir para poner a salvo toda una vida dedicada a la comunicación.

León llegó a ser un punto muy bueno para firma de discos y demás porque Maci 3 llegó a tener un poder tremendo, llegó a ser uno de los distribuidores más importantes del país. Maci Rock. Pero justo cuando había hecho una gran ampliación y hacía distribuciones millonarias llegó el boom del MP3; y con el MP3 se acabó todo. Primero empezaron con el asunto de si se podían copiar los CD, pero más o menos las ventas se iban librando, la gente compraba discos. Pero cuando llegaron los MP3 y se podía bajar la música de internet se acabó todo. Ahora el Spotify, vale, sí, pero la mayoría de la gente usa Spotify de aquella manera. Es verdad que ahora se vuelven a vender los discos, que la gente los compra en vinilo porque les gusta tenerlos, pero no es el negocio que era antes, eso ya no existe. En aquella época en la que se vendían tantos discos, las firmas eran muy fáciles. De repente Warner traía a La Unión, Alejandro Sanz, Sergio Dalma… Aquí venía a firmar hasta el apuntador. Teníamos un grupo de Warner puntero como es Café Quijano y eso hacía también que la compañía trajese eventos aquí. León era un lugar de referencia para los lanzamientos de las compañías.

Las firmas de discos la hacíamos en Maci y venía mucha gente. El artista más entregado en una firma de discos es Sergio Dalma. Besa a todo el mundo, firma a todo el mundo y, si cierra el local, sigue firmando hasta que haya estado con el último fan de la cola. Es una persona muy entregada. Yo lo conozco de la época de *El Súper 1* y también a Maribel Sanz, que fue su mujer, con la que yo he presentado cosas aquí en León con el paso de los años ¡He presentado con ella un desfile de modelos en el Palacio de los Deportes!

Estar con él en la terraza de la radio es atraer el tiempo en la antena de la emisión.

CAPÍTULO IX.
SÚPER 1

Quedó dicho al principio que las historias tienen que contarse completas, pero que es el que las cuenta quien decide qué partes de cada historia son las que la completan. Puede que completar la historia de este chico de la radio necesite encajar muchas más partes. Se me ocurre enseguida que, en lo profesional, haría falta recorrer su otra pasión: la tele. Habría que recordar Localia y reivindicar un papel protagonista en su biografía para todo aquello que con tanta ilusión fue capaz de producir, en especial dos series: *Los artilugios de Pepe* y *Los rincones de León*. De los artilugios viene esa sólida amistad con uno de los más grandes iconoclastas que ha dado la cultura leonesa, el gran Pepe Muñiz, que es mucho más que un compendio de anécdotas, recuerdos, fantasías y hasta se diría que creencias que están en el subconsciente de lo leonés y que inventaron, o recuperaron —¡quién se atreve! — con aquel pretexto de los artilugios. El propio Pepe sigue reinventando cada viernes en sus *Historias, leyendas, misterios y enigmas de León*, esa sección del *Hoy por Hoy León* que ahora lleva por título *Las curiosidades de Pepe Muñiz* este poso de lo leonés, eso que los alemanes, con esa capacidad suya para hacer abstracciones llamaron *Volksgeist*, el espíritu del pueblo. Pepe es muy de eso, de recuperar el espíritu del pueblo en un sentido nacionalista —los alemanes acuñaron el término en el marco de

esa corriente de pensamiento: el nacionalismo romántico—
pero sin ser nacionalista. Y esa idea de lo leonés que está en
el fondo del armario de los pensamientos, las emociones y los
deseos es la base de las dos series, expresándolo, sin ser muy
conscientes de ello, a través de la antropología en la primera y
a través del urbanismo y la arquitectura la segunda.

Los artilugios de Pepe tenía éxito porque describía un paisaje interior, el de la memoria del pueblo, ese que recupera
las costumbres, los quehaceres, la vida sencilla de la gente, un
modo, ya digo, de hacer antropología sin sistema, sin acade-
mia. Por el contrario, *Los rincones de León*, se asomaba al paisaje urbano, buscando el detalle íntimo que está a la vista de
cualquiera, pero que pasa desapercibido para todo el mundo
salvo para la mirada de Mures, que es un maestro en ver eso
que está escondido sin que nada ni nadie lo tape. Es una locura pretender enumerar los rincones insólitos que las cámaras
de Localia han mostrado en esta serie de programas, muchos
de ellos recuperados en su perfil de Facebook por el propio
Mures que todavía sigue con su cámara enseñándonos esos
detalles ocultos que permanecen a la vista de todos.

Es verdad, que habría que completar su historia con todas estas facetas y puede que también con alguna otra de lo
personal, pero el modo de completar esta historia es quizá el
más inesperado. Alguien que nunca ha salido profesionalmente de León, que ha desarrollado toda su carrera profesional
en empresas leonesas y, singularmente, en Radio León, cuando recuerda su vida como locutor de radio habla y habla de
una experiencia del año 89, un tour que le llevó por media
España. Se llamaba El *súper 1*. Hay que verlo en una foto en
la que está presentando el espectáculo con un pantalón rosa

imposible. Llevaba ya unos años trabajando en Radio León y ya era el presentador de todas las cosas. Cada vez que venía un evento de la cadena a León, lo presentaba él y a Julián de Arriba, el director de *El súper 1*, le debió gustar cómo lo hacía porque le ofrecieron participar en el evento a nivel nacional.

Durante ese tiempo estuvo en gira por casi toda España, especialmente por el norte y por Cataluña y Levante; un mes y medio siguiendo a un camión amarillo gigante que se convertía en escenario y que, en la época, cuando todavía las orquestas espectáculo no estaban en el guion de ninguna serie, era un alarde tecnológico que no se había visto en ningún sitio. Ahí surgieron relaciones que todavía hoy mantiene con artistas como Cristina del Valle y Alberto Comesaña, que es verdad que son Amistades Peligrosas, pero son grandes amistades que surgen de la relación diaria, de la obligación de permanecer juntos día tras día, ciudad tras ciudad. Ahí es donde ese chico de la radio se vio haciendo otras cosas, con otra gente, con otro ritmo y otra forma de trabajar.

Él era el presentador del *show*, el que lanzaba botellitas de Licor 43 al público —creo que solo los primeros días, hasta que se dieron cuenta de que podía terminar en drama la performance—, el que animaba y mantenía el espectáculo, pero también era el que se levantaba primero para coger el coche a la mañana siguiente y seguir a la ciudad que tocaba para presentar el evento de la noche en la radio por la mañana a través de un concurso que se emitía en el matinal de la SER para toda España. En el concurso no se acuerda bien qué tipo de preguntas se hacían, pero sí que al concursante que ganaba se le regalaba nada menos que una sandwichera. En realidad, era un pretexto para promocionar la gira y corresponder a la inversión en publicidad que habían hecho las marcas que patrocinaban el programa. En el concierto se sucedían varios grupos que hacían dos o tres temas y finalmente Los Refrescos, que eran aquel año quienes hacían un directo completo en todos los conciertos. Es verdad que, de Los Resfrescos, la gente solo se sabía el estribillo de una canción: aquello de ¡Vaya, Vaya! Aquí no hay playa. Y como la gente solo se sabía ese tema, hacían una versión extendida que duraba lo suyo y que muchas noches terminaba con un Mures, Mures, en lugar de vaya, vaya.

Un poco esa es la vida, aunque no nos damos cuenta. Todos los días nos subimos al escenario y somos los protagonistas de nuestro *show*. Todos los días nos ponemos la camiseta que toca, la de Los 40 Principales o la de trabajadora de una tienda de esculpido de uñas, la que nos toca, la que hemos elegido, la que nos cae bien o sencillamente la que tenemos más a mano o la que el mundo nos deja ponernos, la de ministra o la de peón caminero, pero nos ponemos esa camiseta con nuestro pantalón rosa y nos subimos al escenario del autobús amarillo y allí tenemos que darlo todo, allí se nos exige estar hasta el final, hasta que se apagan las luces. Por el camino nos dejamos todo, como tomamos todo por el camino, de una ciudad a otra, porque, estirando la metáfora, se puede decir que cada instante es una ciudad nueva, cada minuto un nuevo concierto.

Y tenemos que cuidarnos la voz para seguir hablando. Tomar miel, guardar silencio cuando toca y tratar de descansar siempre que se pueda.

Ese chico de la radio se encontró aquel verano subido en *El súper 1*. Era el verano del 89. Todavía no habíamos descubierto este mundo que cabe en el bolsillo y que extendemos en la palma de la mano. Ya nos había anunciado la canción aquello de la muerte de la estrella de la radio a manos del vídeo y parecía que iba a ser así, parecía que la radio tendría que desaparecer con la televisión, como los discos de piedra con los de vinilo y luego los vinilos con la música digital y la locura del MP3. Parecía que la radio se caía, que el negocio de la música se desmoronaba. Ya hemos aprendido que seguimos subidos al camión amarillo y que todo sigue sonando. Ya sabemos que la radio no se muere, y que la estrella de la radio, ese chico, sigue dando que hablar por ahí.

José Manuel Mures, nacido el día internacional de la radio del año del gato de mil novecientos sesenta y tres, ese chico de la radio.

Contenido

© de los textos: Rafael Gallego Díaz
© de la edición: EOLAS EDICIONES

Diagramación: contactovisual.es
Fotografía de portada: @fotojavieralvarez

ISBN: 978-84-10057-10-4
Deposito legal: LE 4-2024
Impreso en España — Printed in Spain